KRÖNERS TASCHENAUSGABE BAND 2

EPIKTET

HANDBÜCHLEIN DER MORAL
UND UNTERREDUNGEN

Herausgegeben von
HEINRICH SCHMIDT

Neubearbeitet von
Karin Metzler

ALFRED KRÖNER VERLAG STUTTGART

CIP-Kurztitelaufnahme der Deutschen Bibliothek

Epictetus: [Sammlung ‹dt.›]
Handbüchlein der Moral und Unterredungen /
Epiktet. Hrsg. von Heinrich Schmidt. –
Neubearb. von Karin Metzler. –
11. Aufl. – Stuttgart: Kröner, 1984.
(Kröners Taschenausgabe; Bd. 2)
ISBN 3-520-00211-6

Druck: Koch-Druck, Stuttgart
Einband: G. Lachenmaier, Reutlingen

INHALT

Einleitung 7

Epiktets Handbüchlein der Moral 21

Unterredungen Epiktets 52

EINLEITUNG

Epiktet und die stoische Philosophie

Epiktet, geboren um 50 n. Chr. zu Hierapolis in Phrygien, kam als Sklave nach Rom, wo er seines hohen Sinnes wegen von seinem Herrn freigelassen wurde. Er hörte in Rom den Philosophen Musonius Rufus und war danach selber ein Lehrer der Philosophie. Wie alle Philosophen, so mußte auch er im Jahre 94 auf Befehl Domitians Rom und Italien verlassen. Er begab sich nach Nikopolis in Epirus, wo er unter großem Zulauf und Beifall lehrte. Wahrscheinlich starb er auch daselbst, wann, ist nicht bekannt. Wenn wir noch hinzufügen, daß Epiktet lahm und unverheiratet war, so ist das alles, was wir von seinem äußeren Leben wissen. Auch von seiner Lehre wäre nichts auf uns gekommen, wenn nicht sein Schüler Arrian die „Unterredungen des Epiktet“ aufgezeichnet und aus seinen Lehrsätzen und Aussprüchen ein „Handbüchlein der Moral“ zusammengestellt hätte. Von den acht Büchern der „Unterredungen“ sind uns nur vier erhalten geblieben. Sie genügen, zusammen mit dem „Handbüchlein der Moral“, um uns Epiktet als einen Höhepunkt der griechischen Philosophie erkennen zu lassen. Wie in Plato und Aristoteles die metaphysische Spekulation und die wissenschaftlich-systematische Erkenntnis der Griechen ihren höchsten Ausdruck fanden, so in der Stoa und bei Epiktet im besonderen die Sittlichkeit und die Religiosität. Einen ihrer Gipfel erreicht in Epiktet die stoische Philosophie, die in ihrer großartigen Folgerichtigkeit und Geschlosssenheit als ein stolzes Denkmal griechischen Denkens vor uns steht, und die nach

Form und Gehalt wie ein System der Welt- und Lebensanschauung anmutet, das heute geschaffen sein könnte.

Ich will versuchen, den Inhalt dieser Philosophie in großen Zügen darzustellen. Wenn dabei der eine oder andere Satz wie aus dem Leben der Gegenwart entnommen oder auf das Leben der Gegenwart gemünzt erscheint, so liegt das nicht an mir. Beim Lesen der „Unterredungen" Epiktets vergißt man oft genug, daß sie bereits vor beinahe zwei Jahrtausenden gehalten und niedergeschrieben worden sind.

Genauere Darstellungen der stoischen Philosophie im allgemeinen geben folgende Bücher: Zeller, Grundriß der Geschichte der griechischen Philosophie, neubearb. von Nestle, ^{14}1971. – Barth – Goedeckemeyer, Die Stoa ^{6}1946. – Pohlenz, Die Stoa, 2 Bände. ^{5}1978/1980. – Kranz, Die griechische Philosophie, ^{2}1950. – Windelband, Lehrbuch der Geschichte der Philosophie, 16. Auflage, hrsg. von Heimsoeth, 1976. – Überweg – Prächter, Grundriß der Geschichte der Philosophie, 1. Teil: Das Altertum, ^{12}1926, unveränderter Abdruck 1957.

Als wissenschaftliche Sonderdarstellungen seien empfohlen: M. Forschner, Die stoizistische Ethik, 1981. – Pohlenz, Grundfragen der stoischen Philosophie, 1940, und zu Epiktet im besonderen der Artikel über Epiktet im Reallexikon für Antike und Christentum, Band 5, 1962, Sp. 599–681; ferner Bonhöffer, Epiktet und die Stoa, 1890; Die Ethik des Stoikers Epiktet, 1894; Epiktet und das Neue Testament, 1911; und J. Bonforte, Epictetus. A Dialogue in Common Sense, 1974.

Die wissenschaftliche Gesamtausgabe des griechischen Textes ist die von Heinrich Schenkl in der Bibliotheca Teubneriana (Nachdruck 1965). Eine griechisch-französische Einzelausgabe der „Unterredungen" von Joseph Soulhé erschien 1948 bis 1965 in der Edition Les Belles Lettres. Vollständig ins Deutsche übertragen wurden die Unterredungen von J. G. Schulthess (in der Neubearbeitung von R. Mücke 1927). Die Diatribe „Vom

Kynismus“ (Unterredungen III, 22) wurde übersetzt und kommentiert von Margarethe Billerbeck (1978). Neuere Übersetzungen des Handbüchleins stammen von Hans Bogner (1948) und Ernst Neitzke (1958); zu erwähnen ist auch die Übersetzung des Epiktet, Teles und Musonius von Wilhelm Capelle, 1949.

Die Schule der Stoiker war um 300 v. Chr. durch Zenon aus Kition auf Kypern begründet worden. Zenon versammelte seine Schüler in der *Stoa poikile,* jener berühmten Säulenhalle Athens, die mit Gemälden Polygnots geschmückt war, des hervorragendsten Malers Griechenlands. Von diesem Versammlungsort erhielt die Schule ihren Namen. Die Grundlagen seiner Philosophie fand Zenon bei Heraklit, bei Sokrates und den Kynikern, bei Aristoteles und seinen Schülern. Außer ihm traten unter den Stoikern am meisten hervor: Kleanthes und Chrysippos, Panätius und Posidonius, Archedemus, Seneca und Musonius, der Sklave Epiktet und der Cäsar Marc Aurel. Im Neuen Testament und in den Schriften der Kirchenväter, in Spinoza und Goethe, in Maeterlinck und Oscar Wilde *(De profundis),* in Friedrich dem Großen und Moltke hat die stoische Philosophie fortgewirkt bis auf den heutigen Tag.

Als Hauptteile der Philosophie betrachten die Stoiker die Physik, die Logik und die Ethik. Die Physik war ihnen zugleich Theologie, Kosmologie, Anthropologie und Psychologie; Gott und Natur war ihnen eins und das Menschenwesen ein Teil der Gott-Natur, ein Modus der unendlichen Substanz, wie Spinoza es ausdrückt. Zur Logik wurde die Grammatik, Rhetorik und Dialektik gezählt, zur Ethik die Politik. Es gab tüchtige Naturwissenschaftler unter den Stoikern, hervorragende Grammatiker und Logiker; das Hauptgewicht legte jedoch die stoische Philosophenschule immer auf die Ethik, als die Lehre vom richtigen Begehren und Meiden, Tun und Lassen, welche allein das wahre Glück des Menschen verbürgt. Und wenn Herillos das Wissen für das höchste Gut erklärt, Ariston hingegen alle gelehrte Bildung verachtet, die Dialektik für unnütz hält und die Physik für ein Buch mit sieben Siegeln, weil sie das menschliche Erkenntnisvermögen übersteige, so sind das extreme Schwankungen um den stoischen Mittelpunkt, in dem die Ethik mit der Physik und Logik eine unauflösliche Dreieinheit bildete. Denn Wollen ohne Einsicht ist blind, ein Tun ohne richtiges Wissen bloß tierisch. Einsicht, richtiges Wissen, Erkenntnis des Wahren ist deshalb eine notwendige Vorbedingung des richtigen Handelns; die Weltanschauung, das Naturerkennen, die Physik ist gleichsam nur ein Teil der Ethik, der Lebensweisheit. Nicht bloß das sittliche Handeln im engeren Sinn, sondern auch die theoretische Ausbildung der Vernunft, insbesondere die Erkenntnis der Natur und des Zusammenhanges aller Dinge rechneten die Stoiker zum naturgemäßen, d. h. zu einem wahrhaft ethischen Leben, sofern und weil durch jene Erkenntnis das richtige Verhältnis zur Natur, die Grundlage des Glücks, wesentlich bedingt ist.

Für den Weisen, den Philosophen im höchsten Sinn, der zugleich ein Erzieher des Menschengeschlechts ist, ein *paedagogus generis humani* (Seneca), ist es aber nicht genug, bloß richtige Dogmata zu besitzen; er muß auch dem Wahren auf den Grund gehen können, es siegreich verteidigen gegen Einwürfe, wirksam verkünden den Unweisen. Darum verlangen Physik wie Ethik einerseits ihre Vertiefung, andererseits ihre lehrmäßige Verarbeitung in der Dialektik und Rhetorik. Oft und energisch betont es Epiktet, daß man feste und beständige Dogmata nicht haben könne ohne gründliche philosophische Bildung, daß man insbesondere auch Sicherheit in der Dialektik sich erwerben müsse, um seine Überzeugungen gegen die Angriffe der Gegner zu schützen und zu behaupten. Die beste Sache verliert an Überzeugungskraft, wenn sie ungeschickt dargestellt und schlecht verteidigt wird. So sind im vollendeten

Stoiker – zeigt mir einen, sagt Epiktet – Physik, Logik und Ethik verbunden und verwebt zu einem einheitlichen harmonischen Ganzen, und im vernunftgemäßen Leben – gleichbedeutend mit naturgemäßem Leben –, in der Einheit von Denken und Tun offenbart sich die Einheit der Persönlichkeit, ein Begriff, der zuerst bei den Stoikern als ein maßgebendes Prinzip erscheint. Tatlose Vielwisserei, bloß logische Virtuosität, gepflegt und geübt um ihrer selbst willen und um damit zu glänzen und zu prahlen, war den Stoikern, und besonders Epiktet, aufs äußerste verhaßt, wie aller äußere Schein ohne inneren Gehalt, und auch dieser hat seinen Wert erst in der Betätigung zu erweisen. Wie Kleanthes, als er die Größe der Alten rühmte, ironisch bedeutend hinzufügte: „Damals wurde das Handeln geübt, jetzt das – Reden."

Klares Denken, einsichtiges Wollen, vernunftgemäßes Tun – so etwa lassen sich die drei Hauptartikel der stoischen Philosophie formulieren. Und diese drei sind eins. Vernünftig, naturgemäß, richtig, vollkommen sind für Epiktet identische Bezeichnungen. Die Naturgemäßheit nennt er das Gesetz des Lebens. Selbsterkenntnis und Naturerkenntnis, jene in dieser eingeschlossen, sind demnach den Stoikern die unerläßlichen Bedingungen zum naturgemäßen Leben, zum wahren Glück.

Die Kraft richtigen Denkens und Urteilens hat jeder von Natur. Aber die meisten Menschen wachsen in einer Umgebung auf, in welcher ihnen verkehrte und unvernünftige Anschauungen beigebracht werden; für sie ist die rechte Vernunft, der *logos orthos*, nur gleichsam eine latente Kraft, die erst durch philosophische Belehrung wieder geweckt und zur Betätigung gebracht werden muß. Wer also zur Weisheit kommen will, der muß erst die falschen Dogmata ablegen, bevor er nach wahrer Erkenntnis streben kann. Vorbedingung zu dieser sind vor allem gesunde und kräftige Sinne; denn der Satz Lockes: Nichts ist im Verstande, was nicht durch die Sinne in ihn hineinkommt, ist schon für die Stoiker maßgebend. Aber die meisten Menschen haben gesunde Sinne und sind doch Toren, nicht bloß, weil sie falsche Anschauungen über die Dinge überkommen haben, sondern auch, weil sie oft die Dinge nur flüchtig, ungenau und falsch auffassen, infolge momentaner oder auch dauernder Geistesgestörtheit, oder weil sie die Umstände einer Sinneswahrnehmung nicht in Betracht ziehen (im Wasser z. B. erscheint das Ruder gebrochen). All dies ist zu beachten, wenn ein Kriterium der Wahrheit gefunden werden soll.

Das erste Kennzeichen einer wahren Vorstellung ist die sinnliche Klarheit, ja geradezu die Greifbarkeit des vorgestellten Objekts, die den bloßen Phantasiebildern zu fehlen pflegt. Sache des freien Entschlusses des vernünftigen Menschen ist es, einer Vorstellung als einer wahren die Beistimmung zu gewähren oder als einer falschen zu versagen; freilich wird dabei nur der Weise stets richtig verfahren.

Die Vorstellung selbst wurde von Zenon definiert als ein Eindruck in die Seele, und Kleanthes verglich dieselbe geradezu mit dem Abdruck eines Petschaftes in Wachs. Chrysipp wandte sich gegen die allzu wörtliche Auffassung des zenonischen Ausdrukkes und definierte seinerseits die Vorstellung als ein Anderswerden, als eine Veränderung der Seele, ein Vorgang, der sich selbst und zugleich auch das Objekt bekundet. Aus den Wahrnehmungen und Erinnerungen bilden sich, teils von selbst, teils durch absichtliche und methodische Denktätigkeit, die Begriffe. – Das vernünftige Bewußtsein ist ein Produkt der fortschreitenden Entwicklung des Menschen. Von den Wahrnehmungen, dem Näheren, dem Einzelnen ausgehend, führen die logischen Operationen zu dem Ferneren und Allgemeineren; das Weltganze kann nur durch Vernunft erkannt werden.

In ihrem Kriterium einer wahren Vorstellung – der Greifbarkeit des Objekts – drückt sich der Materialismus der Stoiker aus. Alles Wirkliche ist den Stoikern körperhaft. Zwar sprechen sie von zwei Prinzipien, einem tätigen und einem trägen – Kraft und Stoff; aber die Kraft ist ihnen nicht etwas Immaterielles, sondern sie ist der feinste und höchste Stoff selbst. Die wirkende Kraft im Ganzen der Welt ist die Gottheit. Sie durchdringt die Welt als ein allverbreiteter Hauch, als Feuer, das jedoch nicht mit dem gewöhnlichen Feuer zu verwechseln ist, wie es denn von manchen Stoikern auch als Äther bezeichnet wird. Dieses Feuer, das allwirksame, ist zugleich die Seele und die Vernunft des All – Weltseele, komm, uns zu durchdringen!

Mit der Unterscheidung von Kraft und Stoff, von Gottheit und Welt, Welt und Weltseele, verfallen die Stoiker, die konsequentesten Monisten des Altertums, durchaus nicht in Dualismus. Der träge Stoff (Erde und Wasser) ist ihnen nichts anderes als eine Modifikation der Kraft (Luft, Feuer, resp. Äther). Alles ist aus einem Urfeuer, aus dem Äther entstanden. Zu Zeiten ist die ganze Welt in Feuer aufgelöst, und dieses Urfeuer ist mit der Weltseele, der Gottheit, mit Zeus, dem leitenden Prinzip identisch. Aus diesem Feuer gehen die übrigen Elemente, die dichteren Stoffe, die Einzeldinge hervor; aber ein Teil des göttlichen Urfeuers erhält sich und bleibt das Wirksame in allem. Durch ihn, in ihm und zu ihm sind alle Dinge. In ihm leben, weben und sind wir. Da alles, die ganze Natur, aus der Gottheit hervorgegangen ist, alles, die ganze Natur, von der Gottheit durchwaltet wird, so übertragen die Stoiker mit Recht ihren Gottesbegriff auch auf die ganze Natur selbst: sie sind die konsequentesten Pantheisten des Altertums. Sie machen sich durchaus keiner Inkonsequenz schuldig, wenn sie, mit ihrem Volke redend, von den „Göttern" sprechen, denen zu gehorchen sei: sie wußten, daß sie mit Kindern und Unmündigen redeten, denen nur in ihrer eigenen Sprache beizukommen ist. Kein wirklicher Stoiker, der dabei nicht etwa dachte: Eure Gedanken sind nicht meine Gedanken, und meine Wege sind nicht eure Wege –!

Wie nahe übrigens der Pantheismus dem vollendeten Theismus steht, wenn jener mit dem Worte „Gott" kein bloßes Spiel treibt, zeigt der Pantheismus Senecas, den man fast ebensogut Theismus nennen könnte.

Nach Ablauf einer bestimmten Weltperiode, eines Äons, löst sich alles wieder in Feuer auf, kehrt alles zu Gott zurück. Nach dieser Auflösung beginnt die Weltentwicklung von neuem, und alles wird wieder wie zuvor, die neue Welt ist mit der vorigen identisch, es kommen dieselben Menschen mit demselben Geschick – ein Gedanke, den Nietzsches Lehre von der ewigen Wiederkunft des Gleichen wieder aufnimmt und zu einem ethischen Prinzip verwertet*.

Wer die Spekulationen der modernen Physik und Kosmologie kennt, wird im höchsten Grad erstaunt sein über die Ähnlichkeit derselben mit den Spekulationen der Stoiker. Und diese sind ebenso strenge Mechanisten, d. h. Kausalisten, wie die konsequentesten Naturforscher der Gegenwart. Der ganze Verlauf der Welt geht nach einer inneren und absoluten Notwendigkeit vor sich, von der ersten Entfaltung der Dinge bis zu ihrem Wiederaufgehen im Feuer, worauf von neuem dieselbe Ordnung der Dinge in derselben Weise beginnt. Es waltet die Heimarmene in der Welt, das Verhängnis, das allgemeine Gesetz, die strenge Verknüpfung von Ursache und Wirkung. Und dieses Gesetz der Kausalität hat unbedingte Geltung.

Die Heimarmene ist aber den Stoikern zugleich die Vernunft im All und die Vorsehung, die alles aufs zweckmäßigste ordnet.

* Im Vorübergehen will ich bemerken, daß die stoische Weltperiode (Äon) auch im Neuen Testament auftritt; Luther übersetzt hier das Wort „Äon" mit „Ewigkeit"; „in diesem und jenem (dem kommenden) Äon" heißt bei Luther: „in dieser und jener Welt". Der christliche Dualismus einer „diesseitigen und einer jenseitigen" Welt scheint in den ursprünglichen Schriften des Neuen Testamentes nicht zu liegen.

Das absolut Notwendige wird so zugleich das absolut Zweckmäßige, und beides ist verbunden in dem absolut Logischen. Frei ist nur das, was – wie später auch Spinoza definiert – nur nach den Gesetzen seiner Natur handelt, und in diesem Sinne nennt Seneca Gott, d. h. das All, die Natur, allein frei, da nichts außer ihm ist, was einen Zwang auf ihn ausüben könnte.
Konsequenterweise schließen die Stoiker jeden Zufall aus; sie verwenden das Wort Zufall, aber nicht, ohne dabei zu bemerken, daß wir etwas nur deshalb als zufällig bezeichnen, weil seine Ursachen für die menschliche Erkenntnis nicht zu ergründen waren.
Wie steht es nun aber nach dieser Lehre mit dem, was wir unlogisch, zweckwidrig, unvernünftig in der Welt nennen, was wir als ein Übel bezeichnen? Ist alles von der Vernunft durchwaltet, so kann es eigentlich gar nichts Unvernünftiges, kann es kein Übel geben. Und in der Tat haben die Stoiker auch diese Konsequenz gezogen. Was wir unvernünftig nennen, beruht auf einem Mangel unserer Erkenntnisfähigkeit, ebenso wie das scheinbar Zufällige. Im großen Ganzen der Natur ist auch das „Übel", ist „Krankheit" und „Tod" vernünftig, zweckmäßig; die Welt als Ganzes ist vollkommen, und wenn wir uns (christlich zu reden) „in den unerforschlichen Ratschluß Gottes" schicken, so hört auch das Übel auf, für uns ein Übel zu sein. Der menschliche Verstand reicht nicht aus, den göttlichen Gedanken in der Entfaltung der Welt zu verfolgen, heißt es bei den Stoikern; meine Gedanken sind nicht eure Gedanken, im Neuen Testament. Ergebung in „Gottes Willen" ist daher das beste für den Menschen, und mit gutem Willen läßt sich auch die „Zweckmäßigkeit" widerwärtiger Dinge und Ereignisse erkennen. So werden nach Chrysipp die Kriege von den Göttern geschickt, um die Erde vor drohender Übervölkerung zu schützen – ein Argument, das gelegentlich noch jetzt zu hören ist. So sind die Wanzen dazu da, um den Menschen nicht zu lange

schlafen zu lassen; die Mäuse, damit wir uns an Ordnung gewöhnen und nichts umherliegen lassen. Gewöhnlich findet man diese Teleologie des Chrysipp kindisch und lächerlich; mir will jedoch scheinen, als ob der im übrigen doch so gelehrte und scharfsinnige Chrysipp damit nur einen pädagogischen Zweck verfolgt habe: alles zum Besten zu kehren, in der Tat oder doch wenigstens in der Vorstellung, ist eine unablässig wiederholte Mahnung der stoischen Philosophie.

Daß wir die göttliche Vernunft in der Welt überhaupt erkennen können, hat seine Ursache darin, daß wir selbst Teile der Gottheit sind, daß die menschliche Vernunft, die menschliche Seele, ein Absenker der göttlichen Vernunft ist. Darauf bezieht sich der oft wiederholte Satz der Stoiker, daß wir Bürger eines Staates seien mit einem und demselben Gesetze. Die Vernunft ist der göttliche Bestandteil im Menschen, sein Dämon, sein besseres Ich, sein wahrer Schutzgeist. Gott ist der Vater aller Dinge, der Götter (wozu die Gestirne, die Sonne gerechnet wurden) und Menschen. Alle sind Kinder Gottes, aber der Weise verdient den Namen „Sohn Gottes" vor allen. Bei Epiktet erscheint sogar die Bezeichnung „Gottes eingeborener Sohn".

Wie die Weltseele, Gott, so ist auch die Seele des Menschen körperlich; sie ist der feinste Stoff, der den Körper durchdringt als seine Spannkraft. Die Frage nach der Fortdauer der menschlichen Seele nach dem Tode muß den Stoikern als eine unwesentliche erschienen sein; sie wird von den strengen Stoikern nur, wie es scheint, im Vorbeigehen abgetan. – Manche lassen die Seele sogleich nach dem Tode des Individuums aufhören; Kleanthes läßt sämtliche Seelen, Chrysipp nur die der Weisen bis zum Weltbrand fortdauern; bei der Erneuerung der Welt kommen sie dann wieder, und zwar in denselben Leibern, zum Vorschein. – Bei Epiktet wie bei Marc Aurel und Seneca ist der Tod eine Zerstreuung, ein Erlöschen, eine Verwandlung, ein Aufgehen im All, jedenfalls das Aufhören des individuellen

Daseins. Seneca tröstet die Marcia damit, daß der Tod nicht etwa als Übergang zu einem besseren Leben, sondern als Ende des Lebens ein unerbittliches Gesetz der Natur sei; mit dem Gedanken, daß der Tod das Ende allen Übels sei und daß den Toten kein Übel mehr treffe; mit dem edlen Trostgrund der Stoa, daß lange genug gelebt habe, wer seine Erdenzeit gut benutzt habe und zur inneren Freiheit und Tugend gekommen sei; denn er sei geistig unsterblich und den Göttern gleich geworden. Von Epiktet sagt sein Erklärer Simplicius: das sei besonders wunderbar an seinen Reden, daß sie glückselig zu machen vermögen auch ohne Verheißung einer künftigen Vergeltung.

Es ist merkwürdig, wie genau Goethes Ansichten hier – wie übrigens auch sonst sehr vielfach – mit denen der Stoiker übereinstimmen. „Die Beschäftigung mit Unsterblichkeitsideen", sagt er am 25. Februar 1824 zu Eckermann, „ist für vornehme Stände und besonders für Frauenzimmer, die nichts zu tun haben. Ein tüchtiger Mensch, der schon hier etwas Ordentliches zu sein gedenkt und der daher täglich zu streben, zu kämpfen und zu wirken hat, läßt die künftige Welt auf sich beruhen und ist tätig und nützlich in dieser." Und am 1. September 1829: „Ich zweifle nicht an unserer Fortdauer, denn die Natur kann die Entelechie nicht entbehren; aber wir sind nicht auf gleiche Weise unsterblich, und um sich künftig als große Entelechie zu manifestieren, muß man auch eine sein." Und oft ist es ihm, als sei er in einer früheren Welt schon einmal dagewesen*.

* Daß Goethe mit den Stoikern genau bekannt war, beweist die folgende Stelle aus „Dichtung und Wahrheit" (VI): „Weder die Schärfe des Aristoteles noch die Fülle des Plato fruchtete bei mir im mindesten. Zu den Stoikern hingegen hatte ich schon früher einige Neigung gefaßt und schaffte nun den Epiktet herbei, den ich mit voller Teilnahme studierte." Die gleiche Wahlverwandtschaft zog ihn auch zu Spinoza.

Wenden wir uns endlich zu der *Ethik* der Stoiker. Sie gilt, wie wir wissen, als die Hauptsache der ganzen Philosophie, und namentlich die späteren Stoiker, Epiktet, Marc Aurel und Seneca, beschäftigen sich fast nur mit ethischen Problemen und ihrer Anwendung zur Erziehung ihrer selbst und ihrer Mitmenschen.

Zenon bestimmt als das höchste Ziel des Menschen *die Übereinstimmung mit sich selbst*. Eine Formel, die man bei Shakespeare, Goethe, Ibsen in ganz ähnlicher Fassung wiederfindet. Kleanthes, scheinbar von Zenon abweichend, setzt als ethisches Ziel die Übereinstimmung mit der Natur. Chrysipp gibt die Synthese der beiden, indem er die Natur, welcher zu folgen sei, als die Einheit der menschlichen und allgemeinen Natur bezeichnet, da wir ja nur Teile der Natur überhaupt seien. Es ist die monistische Synthese von Selbsterkenntnis und Naturerkenntnis, Selbstbeherrschung und Naturbeherrschung, von der wir schon früher sprachen. Praktisch gewendet, wird diese Synthese zum Grundprinzip der stoischen Ethik, als welches *die Selbsterhaltung* zu gelten hat. „Jedes Wesen", heißt es bei Epiktet, „ist so geschaffen, daß es um seiner selbst willen alles tut. Auch die Sonne wärmt und leuchtet um ihrer selbst willen, ja auch Zeus tut schließlich alles um seiner selbst willen. Aber wenn er der Pluvius und Frugifer und der Vater der Menschen sein will, so *muß* er wohltätig sein, um jene Attribute zu verdienen. Und so hat er auch die Natur des Vernunftwesens eingerichtet, daß keines seiner ihm eigentümlichen Güter teilhaftig werden kann, ohne zugleich auch zum allgemeinen Nutzen beizutragen. Auf diese Weise wird die Rücksicht auf das Wohl des Menschen nicht verletzt, wenn man auch alles um seiner selbst willen tut." – Mit Recht sagt Bonhöffer, daß der Grundsatz, den Epiktet hier ausspricht, daß, wer auf sein eigenes wahres Glück bedacht ist, auch seine sozialen Pflichten – *nicht nur den Nebenmenschen, sondern der ganzen*

Natur gegenüber – am besten erfüllt, daß dieser Grundsatz der denkbar höchste sei, den eine Ethik aufzustellen vermöge.
Alles sittliche Handeln ist im Grunde nichts anderes als richtig verstandene Selbsterhaltung und Selbstbehauptung, alle Sünde und Unsittlichkeit ist nichts als Selbstzerstörung, Verlust der eigensten Menschennatur, Krankheit der Seele, der Verbrecher wie ein Kranker zu behandeln. Wie man weiß, ist auch die Ethik des Spinoza ganz und gar von diesen Grundgedanken beherrscht, ja seine Lehre ist fast durchweg stoisch, am meisten in den rein ethischen Partien, wo sich, wie Bonhöffer richtig bemerkt, fast zu jedem Satz eine Parallele aus der Stoa beibringen ließe*. Es ist kein Zweifel, daß ähnliche Gedanken auch im Neuen Testament zu finden sind. Andererseits ließe sich Jesus auch als der edle Kyniker auffassen, als den ihn Epiktet in einer seiner Unterredungen malt.
Das höchste Ideal malen die Stoiker in dem Weisen, der sich selbst genug ist, der nichts Fremdes mehr begehrt und nichts Äußeres mehr fürchtet; den kein äußeres Ereignis erschüttert und keine Leidenschaft der Seele, der sich mithin einer völligen Ataraxie und Apathie erfreut, ohne jedoch unempfindlich gegenüber den Freuden des Lebens zu sein; der allein frei ist, weil er nur seiner Natur gemäß lebt; der gegen sich und andere nicht Nachsicht, sondern Gerechtigkeit übt; der ein Herr ist auch über sein Leben, und zu sterben weiß, wenn es Zeit ist. Da aber in allen Menschen dieselbe Vernunft lebt, dasselbe allgemeine Gesetz, so gibt es nur ein Recht, einen Staat, eine Menschheit, und so setzen die Stoiker an die Stelle der Einzelstaaten den Weltstaat, an die Stelle der Politik den Kosmopolitismus.

Prof. Dr. Heinrich Schmidt

* Siehe Spinozas Ethik in Kröners Taschenausgabe.

EPIKTETS HANDBÜCHLEIN DER MORAL

1. Von dem, was in unserer Gewalt steht, und was nicht

Von den Dingen stehen die einen in unserer Gewalt, die andern nicht.

In unserer Gewalt steht unser Denken, unser Tun, unser Begehren, unsere Abneigung, kurz: alles, was von uns selber kommt. Nicht in unserer Gewalt steht unser Leib, unsere Habe, unser Ansehen, unsere äußere Stellung – mit einem Wort, alles, was nicht von uns selber kommt.

Was in unserer Gewalt steht, ist von Natur frei, es kann nicht gehindert und nicht gehemmt werden. Was nicht in unserer Gewalt steht, ist anfällig, abhängig, steht in fremder Hand und kann gehindert werden.

Sei dir also bewußt: Hältst du für frei, was seiner Natur nach unfrei ist, und für dein eigen, was fremd ist, so wirst du viele Schwierigkeiten haben, Aufregung und Trauer, und wirst mit Gott und allen Menschen hadern. Hältst du aber nur das Deine für dein eigen und Fremdes für das, was es ist: fremd, so wird nie jemand dich zwingen, nie jemand dich hindern, du wirst nie jemand Vorwürfe machen, nie jemand schelten, nie etwas wider Willen tun. Niemand wird dir schaden, du wirst keinen Feind haben; denn nichts Schädliches trifft dich.

Wenn du so Großes erstrebst, bedenke: es reicht nicht, in flüchtigem Interesse die Hand danach auszustrecken. Du mußt manches für immer lassen, manches für den Augenblick.

Wenn du aber daneben auch nach Ehrenstellen und Reichtümern jagst, so wirst du vielleicht, weil du

zugleich jenes erstrebst, nicht einmal diese erlangen. Sicher wirst du das verfehlen, wodurch allein Glück und innere Freiheit kommen.
Gewöhne dich nun, bei allem, was bedrohlich wirkt, zu sagen: du bist nicht das, was du scheinst, sondern nur eine Vorstellung. Sodann prüfe es an den Regeln, die du gelernt hast, besonders an der ersten, indem du fragst: gehört es zu dem, was in meiner Gewalt steht, oder nicht? Und gehört es zu dem, was nicht in deiner Gewalt steht, so sage zu dir selber: es geht mich nichts an!

2. Was zu erstreben ist und was nicht

Bedenke: Begierde verheißt den Besitz des Begehrten, Abneigung die Vermeidung dessen, wogegen man Abneigung empfindet. Wer trotz der Begierde nicht in den Besitz des Begehrten gelangt, ist unglücklich, und wer trotz seiner Abneigung in etwas verfällt, was er vermeiden möchte, ist auch unglücklich.
Wenn du also nur dem auszuweichen suchst, was naturwidrig ist und in deiner Macht steht, so verfällst du überhaupt nicht in etwas, wogegen du Abneigung empfindest. Willst du aber einer Krankheit, dem Tode, der Armut ausweichen, so wirst du unglücklich sein. Hüte dich also vor jeder Abneigung gegen alles, was nicht in deiner Gewalt steht, und laß ihr nur ihren Willen bei dem, was naturwidrig ist und in deiner Gewalt steht.
Die Begierde aber gib vorläufig ganz auf. Denn begehrst du etwas, was nicht in deiner Gewalt steht, so wirst du bestimmt unglücklich werden. Von dem aber, was in deiner Macht steht und was du begehren solltest, weißt du noch nichts. Beschränke dich auf Neigung und Abneigung, aber laß auch diese nicht übermächtig werden.

3. Durchschaue die Dinge, die du liebst!

Merke: bei allem, was deine Sinne erfreut, was dir nützlich ist, was du gern hast, sage dir stets, was es eigentlich ist. Fange bei dem Unbedeutendsten an. Liebst du ein Glas, so sage dir: ich liebe ein Glas. Zerbricht es dann, so wirst du dich nicht weiter aufregen. Küßt du dein Kind oder deine Frau, so sage dir: ich küsse einen Menschen. Stirbt er, so wirst du nicht außer Fassung geraten.

4. Wie sich Ärger vermeiden läßt

Willst du irgend etwas tun, so mache dir klar, welche Umstände dabei in Betracht kommen. Gehst du z. B. zum Baden, so stelle dir vor, wie es im Bade zugeht, wie sie mit Wasser spritzen, sich stoßen, zanken, einander bestehlen. Du gefährdest deine Ruhe weniger, wenn du dir von vornherein sagst: ich will baden, aber ich will auch meine naturgemäße Haltung bewahren. So mache es bei allem! Begegnet dir dann ein Ärgernis beim Baden, so wirst du dir sagen: ich wollte ja nicht bloß baden, sondern auch meine mir gemäße Haltung bewahren; ich werde sie nicht bewahren, wenn ich mich über solche Dinge ärgere.

5. Verwechsle nicht die Dinge mit deinen Vorstellungen!

Nicht die Dinge selbst beunruhigen die Menschen, sondern die Vorstellungen von den Dingen. So ist z. B. der Tod nichts Furchtbares – sonst hätte er auch dem Sokrates furchtbar erscheinen müssen –, sondern die Vorstellung, er sei etwas Furchtbares, das ist das Furchtbare. Wenn wir also bedrängt, unruhig oder betrübt sind, wollen wir die Ursache nicht in etwas anderem suchen, sondern in uns, das heißt in unsern Vorstellungen. Der Ungebildete macht andern Vorwürfe, wenn es ihm übel ergeht. Der philosophische Anfänger macht sich selber Vorwürfe. Der wahrhaft Gebildete tut weder das eine noch das andere.

6. Worauf wir stolz sein dürfen

Sei nicht auf fremde Vorzüge stolz! Wenn ein Pferd mit Stolz sagen würde: ich bin schön, so könnte man sich das gefallen lassen. Wenn du aber mit Stolz sagst: ich habe ein schönes Pferd, siehst du, so bist du nur auf ein gutes Pferd stolz. Was ist nun dein eigen? Deine Vorstellungen. Wenn du also bei dem Gebrauch deiner Vorstellungen dich naturgemäß verhältst, darfst du soweit stolz sein. Denn dann wirst du stolz sein auf einen Vorzug, der dein eigen ist.

7. Halte dich bereit!

Wenn auf einer Seefahrt das Schiff am Lande hält und du steigst aus, um Wasser zu holen, so magst du wohl nebenher eine Muschelschale auflesen oder einen Tintenfisch; dein Augenmerk aber muß aufs Schiff gerichtet sein, und du mußt dich immer wieder umsehen, ob nicht vielleicht der Steuermann ruft. Ruft er dich, so mußt du alles liegen lassen, damit du nicht gebunden in das Schiff geworfen wirst, wie es mit den Schafen geschieht.
So auch im Leben. Wenn dir, wie dort ein Fischlein oder eine Muschel, so hier eine Frau, ein Kind gegeben ist, so wird dir das kein Hindernis sein. Wenn aber der Steuermann ruft, so eile zum Fahrzeug, laß alles zurück und sieh dich nicht um. Und bist du alt, so entferne dich überhaupt nicht mehr weit vom Fahrzeug, damit du nicht etwa ausbleibst, wenn du gerufen wirst.

8. Einstellung zum Leben

Verlange nicht, daß alles so geschieht, wie du es willst, sondern wolle, daß alles so geschieht, wie es geschieht, und du wirst in Frieden leben.

9. Was ein Unglück ist

Die Krankheit ist ein Unglück für den Körper, für den Willen aber nicht, wenn er nicht selber es will. Lähmung ist ein Unglück für den Schenkel, für den Willen aber nicht. Das sage dir bei allem, was dich trifft; dann wirst du finden, daß es für irgend etwas ein Unglück sein kann, nicht aber für dich.

10. Nütze deine Kräfte!

Merke: bei allem, was dir begegnet, wende dich dir selbst zu und frage: was habe ich demgegenüber für eine Fähigkeit? Siehst du z. B. einen schönen Knaben oder ein schönes Mädchen, so wirst du ihnen gegenüber die Fähigkeit der Selbstbeherrschung finden. Wird dir eine schwere Arbeit zugemutet, so wirst du die Ausdauer finden. Wirst du beleidigt, so hast du Gleichmut.
Wenn du dich so gewöhnst, so werden dich die Vorstellungen nicht mit fortreißen.

11. Was heißt ein Verlust!

Sage nie von einem Ding: ich habe es verloren, sondern: ich habe es zurückgegeben. Ein Kind ist dir gestorben: du hast es zurückgegeben. Deine Frau ist gestorben: du hast sie zurückgegeben. Dein Landgut wurde dir genommen: Also auch dies hast du zurückgegeben. „Aber der mir's nahm, ist ein schlechter Mensch." Was geht es dich an, durch wen es der Geber zurückfordert? Solange er dir's überläßt, betrachte es als ein fremdes Gut, wie ein Reisender das Gasthaus betrachtet.

12. Kümmere dich nicht um äußerliche Dinge!

Wenn du Fortschritte machen willst, so laß Gedanken wie diese: wenn ich mich nicht um mein Vermögen kümmere, so werde ich nicht zu leben haben; wenn ich

meinen Diener nicht züchtige, wird er ein Nichtsnutz werden. Es ist besser, Hungers zu sterben, wenn man nicht in Kummer und Furcht gerät, als im Überfluß, aber ohne Ruhe der Seele zu leben. Und es ist besser, dein Diener ist ein Nichtsnutz, als daß du unglücklich bist.
Fange also mit dem Unbedeutenden an! Ein wenig Öl ist verschüttet, ein Restchen Wein dir gestohlen worden. Sage dir dann vor: damit bezahle ich meinen Gleichmut, so viel kostet meine Seelenruhe. Umsonst ist kein Gewinn.
Und wenn du den Diener rufst, so denke: er kann dich vielleicht nicht hören; oder wenn er dich hört, so kann er vielleicht nicht tun, was du willst. Jedenfalls soll es nicht von ihm abhängen, ob du deine Ruhe bewahrst oder verlierst.

13. Sorge dich nicht um dein Ansehen!

Willst du in der Lebensweisheit fortschreiten, so merke weiter: rege dich nicht auf, wenn man dich im gewöhnlichen Leben für einfältig und unbeholfen hält. Du mußt nicht den Anschein erwecken, als verstündest du dich auf etwas besonders. Und wenn es andern so scheint, so mißtraue dir selbst. Denn wisse: es ist nicht leicht, seine naturgemäße Haltung zu bewahren und auch dem gewöhnlichen Leben zu genügen. Es gibt nur ein Entweder – Oder: wer sich um das eine bemüht, der muß das andere lassen.

14. Was man wollen darf

Wenn du wünschst, deine Kinder, deine Frau, deine Freunde möchten ewig leben, so bist du ein Narr. Denn du wünschst Macht über etwas, was nicht in deiner Macht steht, und betrachtest als dein Eigentum, was dir nicht gehört. Und wenn du willst, daß dein Diener keinen Fehler begeht, so bist du ein ebensolcher Narr. Denn du willst, daß etwas Schlechtes nichts Schlechtes sei, sondern etwas anderes.

Wenn du aber wünschst, das Ziel deiner Bestrebungen nicht zu verfehlen, so kannst du das erreichen. Übe also, was du kannst!

Derjenige ist Herr über einen andern, der die Macht hat, ihm zu geben, was er will, und von ihm fern zu halten, was er nicht will. Wer frei sein will, soll also weder erstreben noch vermeiden wollen, was in eines andern Macht steht, sonst wird er unweigerlich ein Sklave.

15. Lerne verzichten!

Merke: benimm dich im Leben wie bei einem Gastmahl. Eine Speise wird herumgetragen und gelangt zu dir: du langst dir zu und nimmst mit Anstand davon. Sie wird vorübergetragen: du hältst sie nicht zurück. Sie ist noch nicht an dich gekommen: du unterdrückst dein Verlangen und wartest ruhig, bis sie an dich kommt. So mach es deinen Kindern, deiner Frau, Ehrenstellen und Reichtümern gegenüber, und du wirst ein würdiger Tischgenosse der Götter sein. Nimmst du aber auch das nicht, was dir vorgesetzt wird, sondern läßt es vorübergehen, so bist du nicht bloß bei den Göttern zu Gast, sondern teilst mit ihnen ihre Macht. So handelten Diogenes, Heraklit und ihresgleichen, und darum hießen sie mit Recht göttlich.

16. Was Mitleid heißt

Wenn du einen in tiefer Betrübnis um ein Kind siehst, das in die Ferne zieht, oder weil er sein Vermögen verloren hat, so gib acht, daß dich nicht die Vorstellung übermannt, er wäre wegen dieser äußeren Dinge unglücklich. Du mußt vielmehr sogleich zu dir sagen: nicht das Geschehene betrübt diesen Mann – denn einen andern betrübt es ja auch nicht – sondern nur seine Auffassung des Geschehenen. Soweit es nun mit Worten geht, zögere nicht, an seinem Leid Anteil zu nehmen, und wenn es nicht anders geht, magst du auch mit ihm seufzen. Gib jedoch acht, daß nicht auch deine Seele seufzt.

17. Nimm das Leben wie ein Schauspiel

Merke: du hast eine Rolle zu spielen in einem Schauspiel, das der Direktor bestimmt. Du mußt sie spielen, ob das Stück lang oder kurz ist. Gibt er dir die Rolle eines Bettlers, so mußt du diese dem Charakter der Rolle entsprechend durchführen; ebenso, wenn du einen Krüppel, einen Herrscher oder einen Philister spielen sollst. Deine Aufgabe ist einzig und allein, die zugeteilte Rolle gut durchzuführen; die Rolle auszuwählen, steht nicht bei dir.

18. Über Vorbedeutungen

Hat der Rabe unheilverkündend gekrächzt, so laß die Vorstellung davon nicht Herr über dich werden. Sondere scharf und sage zu dir: mir kann er nichts Schlimmes verkünden, höchstens meinem Körper, meiner Habe, meinem Ansehen, meinen Kindern, meiner Frau. Für mich gibt es keine anderen als nur glückliche Vorbedeutungen, wenn ich so will. Denn wenn auch irgendein Unglück kommen mag, in meiner Hand liegt es ja, Vorteil daraus zu ziehen.

19. Wer unüberwindlich und frei ist

Du kannst als unbesiegbar dastehen; du mußt dich nur in keinen Kampf einlassen, in dem der Sieg nicht von dir abhängt.

Siehst du einen hochgeehrt, vermögend oder sonstwie angesehen, so hüte dich, vom Schein getäuscht, ihn glücklich zu preisen. Denn wenn das Wesen des Guten zu dem gehört, was in unserer Macht steht, so ist solchen Leuten gegenüber weder Neid noch Eifersucht am Platze. Du selbst willst doch weder Feldherr noch Senator, noch Konsul sein, sondern wahrhaft frei. Dazu führt aber nur ein Weg: Verachtung alles dessen, was nicht in unserer Macht steht.

20. Wie man sich Beleidigungen gegenüber verhalten soll

Merke: nicht wer dich beleidigt, und nicht wer dich schlägt, kränkt dich, sondern nur deine Vorstellung, daß sie dich kränken. Wenn dich einer reizt, so bedenke, daß es deine Vorstellung ist, die dich reizt. Suche es deshalb vor allem dahin zu bringen, daß deine Vorstellung dich nicht fortreißt. Hast du erst Zeit zur Überlegung gewonnen, so wirst du leichter Herr über dich selber bleiben.

21. Was der Gedanke an den Tod lehrt

Tod, Verbannung, überhaupt alles, was furchtbar erscheint, halte dir täglich vor Augen. Vor allem den Tod. Das wird dich vor kleinlichen Gedanken bewahren und vor übermäßigen Begierden.

22. Achte nicht auf Spott!

Wenn du nach Weisheit strebst, so mache dich von vornherein darauf gefaßt, daß du ausgelacht wirst, daß viele dich verspotten und sagen: Seht da den neugebackenen Philosophen! Warum er wohl die Brauen so hoch zieht?

Du aber laß das Stirnrunzeln. Was dir aber das Beste scheint, daran halte dich, als wärest du von Gott auf diesen Platz gestellt. Und wisse, wenn du standhaft bei deinen Grundsätzen bleibst, so werden, die dich früher verlachten, dich alsbald verehren. Gibst du ihnen aber nach, so werden sie nur noch mehr über dich lachen.

23. Verzichte auf Anerkennung der Außenwelt

Wisse: sobald du dich mit der Außenwelt einläßt und einem da draußen zu gefallen wünschst, so hast du den Boden unter den Füßen verloren. Darum laß es dir genügen, ein Philosoph zu sein. Willst du aber irgendwem auch als Philosoph erscheinen, so sei es vor dir selbst; das wird genügen.

24. Was du kannst

Laß dich nicht beunruhigen von Gedanken wie den folgenden: Ohne Ehre werde ich leben und nirgends etwas gelten! Wie kann der Mangel an äußeren Ehren ein Unglück sein, da dich doch ein anderer ebensowenig in Unglück wie in Schande bringen kann? Es hängt doch nicht von dir ab, ob du ein Ehrenamt erlangst oder zu einem Essen geladen wirst. Wie kann dies also als Unehre empfunden werden? Und wie kannst du „nirgends" etwas gelten, da du doch nur in dem etwas bedeuten sollst, was in deiner Macht steht? Und hier kannst du doch alles bedeuten.

Aber du kannst, sagst du, deinen Freunden so nicht helfen. Aber was nennst du helfen? Geld wirst du ihnen nicht geben können, und zu römischen Bürgern wirst du sie nicht machen können. Wer hat dir denn gesagt, daß dies in deiner Macht steht und nicht von andern abhängt? Wer aber kann einem andern geben, was er selbst nicht besitzt?

Erwirb es, sagen sie, damit auch wir es besitzen.

Ja, wenn ich es erwerben kann, ohne meiner inneren

Würde, meiner Redlichkeit, meinem Stolz etwas zu vergeben, so zeigt mir den Weg, so will ich's tun. Verlangt ihr aber, daß ich diese meine wahren Güter dahingebe, damit ihr eingebildete Güter erlangt, so seht ihr doch hoffentlich selbst ein, daß ihr ungerechte und unverständige Forderungen stellt. Was zieht ihr vor? Geld oder einen treuen, würdigen Freund? Helft mir also lieber, daß ich ein solcher werde, und verlangt nicht, daß ich etwas tue, wodurch ich diese Eigenschaft verlieren muß.

Aber das Vaterland, wirfst du ein, wird von mir keinen Nutzen haben.

Ich frage wieder: Nutzen welcher Art? Säulenhallen und Bäder wirst du ihm freilich nicht bauen können. Aber was hat das zu besagen? Der Schmied macht dem Vaterland auch keine Schuhe und der Schuster keine Waffen. Es ist genug, wenn jeder das Seine recht tut. Wenn du andere zu treuen und tüchtigen Bürgern heranbildest – hat das Vaterland keinen Nutzen davon? Ich dächte wohl.

Also wirst du ihm auch nicht unnütz sein.

Welche Stelle soll ich also im Staate einnehmen?

Diejenige, die du ausfüllen kannst, ohne Treue und Rechtschaffenheit dabei zu verlieren. Wenn du aber in der Absicht, dem Vaterland zu nützen, diese Eigenschaften einbüßt – was kannst du ihm dann nütze sein, wenn du weder Treu noch Glauben verdienst?

25. Der Preis der Ehrungen

Es ist dir ein anderer vorgezogen worden bei einem Essen, bei einer Begrüßung, bei einer Beratung. Ist das nun etwas Wertvolles, so mußt du dich freuen, daß es

jenem zuteil geworden ist. Sind es aber keine Güter, warum ärgert es dich, daß du sie nicht erlangt hast? Bedenke: Wenn du nicht dasselbe tust wie der andere, um zu erlangen, was nicht in deiner Macht steht, dann kannst du auch nicht auf dasselbe Anspruch erheben. Denn wie kann einer, der sich nicht oft in den Vorzimmern der Großen aufhält, sich nicht in ihrem Gefolge befindet, nicht schmeichelt, wie kann der dasselbe erreichen, wie der, der das alles tut? Wie ungerecht und anspruchsvoll bist du, wenn du, ohne jene Auszeichnungen mit diesen Diensten zu erkaufen, sie umsonst empfangen willst.
Was kostet z. B. der Salat? Sagen wir: einen Obolos. Wenn nun einer seinen Obolos bezahlt und den Salat dafür bekommt, du aber bezahlst nichts und bekommst keinen Salat, so glaubst du doch nicht, dem andern gegenüber benachteiligt zu sein? Hat jener den Salat, so hast du deinen Obolos, den du nicht ausgegeben hast. Und genau so ist es auch hier. Du wurdest nicht zu Tische geladen. Ja, hast du denn dem Einladenden gegeben, wofür er sein Gastmahl verkauft? Er verkauft es um Lob, um Aufmerksamkeiten. Ist es nun zu deinem Besten, so bezahle den Preis, wofür man diese Ehre kauft. Du bist zugleich anmaßend und weltfremd, wenn du die Ehre erlangen willst, ohne etwas dafür zu bezahlen.
Hast du aber nichts anstatt der Einladung? Du hast das Bewußtsein, daß du den nicht gelobt hast, den du nicht loben wolltest, und du mußtest dich nicht an seiner Tür herumdrücken.

26. Was von Klagen zu halten ist

Was der Natur gemäß ist, kann man daraus erkennen, worüber die Menschen untereinander einer Ansicht sind. Hat z. B. der Diener eines andern ein Trinkglas zerbrochen, so hast du sogleich die Entschuldigung bei der Hand: das kann vorkommen. Merke dir also: wenn dir selbst ein Glas zerbrochen wird, so mußt du dich ebenso verhalten, wie damals, als das Glas eines andern zerbrochen wurde.

Diese Regel befolge auch bei wichtigeren Vorkommnissen. Einem andern ist sein Kind oder seine Frau gestorben. Wer sagt da nicht: das ist nun einmal das Los des Menschen! Wenn aber jemandem das eigene Kind gestorben ist, dann klagt er und ist untröstlich. Wir sollten uns aber erinnern, welchen Eindruck die Klagen eines andern auf uns machen.

27. Vom Schlechten

Kein Ziel wird aufgestellt, damit man es verfehle; ebensowenig hat das Schlechte irgendeine Berechtigung in der Welt.

28. Bewahre deine Haltung!

Du würdest unwillig sein, wenn jemand dem ersten besten auf der Straße deinen Körper überließe. Daß du aber dem ersten besten dein Gemüt überläßt, so daß es über seine Beleidigungen außer sich gerät, dessen solltest du dich nicht schämen?

29. Erwäge die Folgen

Bei allem, was du tust, bedenke die notwendigen Voraussetzungen und die Folgen, dann erst beginne; andernfalls wirst du zwar voll Eifer daran gehen, da du eben die Umstände nicht bedacht hast; wenn aber Schwierigkeiten kommen, wirst du schmählich aufgeben.

Du willst z. B. bei den olympischen Spielen siegen. Ich auch, wahrhaftig, denn es ist etwas Herrliches. Aber betrachte die Voraussetzungen und die Folgen, und so gehe ans Werk. Du mußt dich einer strengen Ordnung fügen, nach Vorschrift essen, mußt dir Gebäck versagen, mußt dich auf Befehl und zur bestimmten Stunde üben, trotz Hitze oder Kälte. Du darfst kein kaltes Wasser trinken, keinen Wein, wenn du Lust hast, kurz: du mußt dich dem Lehrmeister wie einem Arzt ausliefern. Dann geht's zum Wettkampf. Du mußt den Kampfplatz umgraben, kannst dir den Arm verrenken, den Fuß verstauchen, eine gute Portion Staub schlucken, manchmal auch Hiebe bekommen, und am Ende wirst du noch besiegt. Dies alles erwäge, und hast du dann noch Lust, dann gehe hin. Im andern Falle wirst du Kindern gleichen, die heute miteinander ringen, morgen kämpfen, bald die Trompete blasen, bald Theater spielen. So auch du: heute bist du Ringkämpfer, morgen Gladiator, übermorgen Redner, endlich Philosoph, aber nichts von alledem mit ganzer Seele. Wie ein Affe ahmst du alles nach, was du siehst; heute gefällt dir das, morgen jenes. Du bist eben nicht mit Überlegung ans Werk gegangen, hast dir die Sache nicht von allen Seiten betrachtet. Blindlings, nur aus der ersten Begeisterung, kamst du dazu. So haben z. B. manche einen Philosophen gesehen, haben ihn sprechen hören, etwa wie Euphrates spricht. (Freilich, wer spricht auch wie er?) Gleich wollen sie auch Philosophen sein. Mensch, überlege doch, worum es sich eigentlich handelt. Danach prüfe dich selbst, ob du der Sache gewachsen bist. Willst du ein Ringer oder Kämpfer werden, so schau auf deine Arme, deine Schenkel, prüfe deine Hüfte. Denn nicht jeder taugt zu jedem.

Meinst du nun, daß du als Philosoph nach wie vor essen und trinken darfst, was du gern möchtest, und deinen Neigungen und Abneigungen nachgeben dürftest? Du mußt den Schlaf entbehren, die Familie verlassen, dich von jedem Kind verachten und von jedem, der gerade daherkommt, auslachen lassen. Überall kommst du zu kurz, bei Ehren und Ämtern, vor Gericht und bei jedem Geschäft. Bedenke, ob du innere Freiheit, Seelenruhe und Befreiung von Leidenschaften dafür eintauschen willst. Andernfalls gib acht, daß es dir nicht geht wie den Kindern: heute Philosoph, morgen Zollpächter, dann Redner, dann kaiserlicher Prokurator. Das paßt schlecht zusammen.

Du mußt ein ganzer Mensch sein, entweder im Guten oder im Bösen. Entweder mußt du deine Seele ausbilden oder deine Fähigkeiten für das äußere Leben. Du mußt entweder dir selbst leben oder der Welt, entweder ein Philosoph sein oder ein Kind der Welt.

30. Pflichten des Menschen

Jede Lebensstellung hat ihre Pflichten. Dieser Mann ist dein Vater. Es versteht sich, daß du ihn pflegst, ihm überall das Vorrecht einräumst, Schimpfen und Schläge geduldig hinnimmst.

Aber er ist ein schlechter Vater!

Mußt du von Natur aus mit einem guten Vater verwandt sein? Nein, nur mit einem Vater.
Dein Bruder tut dir unrecht. Erfülle du nur deine Aufgabe ihm gegenüber. Kümmere dich nicht darum, was jener tut, sondern was du tun mußt, um deiner natürlichen Bestimmung gemäß zu leben. Dir kann ja ein anderer nicht schaden, wenn du es selbst nicht willst. Du bist geschädigt, wenn du glaubst, es zu sein.
So wirst du auch die Pflichten eines Nachbarn, eines Bürgers, eines Beamten erkennen, wenn du dich daran gewöhnst, diese Lebensstellungen aufmerksam zu betrachten.

31. Frömmigkeit

Was den Glauben betrifft, so ist die Hauptsache, daß man richtige Vorstellungen von den Göttern hat. Man muß wissen, daß sie wirklich vorhanden sind und die Welt gut regieren. Dich selbst mußt du gewöhnen, ihnen zu gehorchen und dein Schicksal gern zu ertragen, in der Überzeugung, daß es von höchster Einsicht zum Ziel geführt wird. Dann wirst du die Götter niemals tadeln oder ihnen Vorwürfe machen, als kämest du zu kurz. Dahin kannst du aber nur dann gelangen, wenn du die Begriffe Gut und Böse von allem trennst, was nicht in deiner Macht steht, und Gutes wie Böses nur in dem suchst, was in deiner Macht steht. Hältst du etwas von jenem für gut oder böse, dann mußt du freilich seine Urheber tadeln und hassen, wenn du nicht erreichst, was du willst, oder dir widerfährt, was du nicht willst. Denn jedes Wesen sucht von Natur zu meiden und zu fliehen, was ihm schädlich erscheint, während es dem vermeintlich Nützlichen und seinen Ursachen nachgeht. Wer sich geschädigt glaubt, kann unmöglich dem Urheber des

Schadens gewogen sein, ebensowenig, wie er sich über den Schaden freut. So kommt es, daß ein Sohn seinen Vater verwünscht, wenn er ihn nicht teilnehmen läßt an dem, was er für ein Gut hält. Die Brüder Polyneikes und Eteokles verfeindeten sich, weil sie beide die Alleinherrschaft für ein Gut hielten. Aus demselben Grunde macht der Bauer, der Seefahrer, der Kaufmann den Göttern Vorwürfe, aus demselben Grund auch der Mensch, der Frau und Kind verliert. Denn wem es gelingt, der vertraut auch den Göttern. Darum, wer das Richtige erstrebt oder vermeidet, der ist auch fromm.
Spenden und Opfer darzubringen, nach väterlicher Sitte die Erstlinge zu weihen, ist jedermanns Pflicht. Es geschehe mit reinem Sinn, nicht gedankenlos, nicht nachlässig, ohne Knauserei, aber auch nicht über Vermögen.

32. Über das Orakel

Wenn du ein Orakel befragst, so bedenke: wie deine Sache ausgehen wird, weißt du nicht. Um das zu erfahren, bist du zum Wahrsager gekommen. Welcher Art aber der Ausgang sein wird, das wußtest du, eh du kamst – wenn du ein Philosoph bist. Fällt er in den Bereich dessen, was nicht in deiner Macht steht, dann ist er weder gut noch schlecht.
Stelle also deine Fragen an das Orakel ohne Begierde oder Abneigung, auch ohne Zittern und Zagen; vielmehr mit der Überzeugung, daß alles, was auch kommen möge, gleichgültig sei und dein Inneres nicht berühre. Du kannst ja von allem einen guten Gebrauch machen, und daran kann dich niemand hindern. Wende dich also zuversichtlich an die Götter, deine Ratgeber. Und wenn dir etwas geraten wird, so bedenke, was für Ratgeber du

befragt hast und wen du durch Ungehorsam kränken würdest.
Befrage übrigens – nach dem Rate des weisen Sokrates – ein Orakel nur in solchen Fällen, in denen nur der Ausgang in Frage steht und wo du weder durch Vernunft noch irgendein anderes menschliches Vermögen klar sehen kannst. Gilt es z. B. einem gefährdeten Freund oder dem Vaterland beizuspringen, so frage nicht erst das Orakel, ob du es tun sollst. Denn, wenn auch der Wahrsager sagt, das Opfer sei schlecht ausgefallen, so kann doch offenbar nur der Tod angedeutet sein oder eine Verletzung oder die Verbannung. Die Vernunft gebietet trotz allem, dem Freunde und dem Vaterlande in der Not zu helfen. Folge also dem größeren Seher, Apollo selbst, welcher den Mann aus dem Tempel jagte, der seinem Freund in Todesgefahr nicht zu Hilfe gekommen war.

33. Besondere Lebensregeln

Gib deinem Handeln ein bestimmtes Gepräge und nimm eine Haltung an, die du niemals aufgibst, ob du mit dir allein bist oder mit andern Menschen zusammen.
Schweige zumeist; sprich nur das Notwendige und kurz. Sprich, wenn die Umstände es erfordern; aber nicht über die gewöhnlichen Gegenstände der Unterhaltung, über Zirkusspiele, Wettrennen, Ringkämpfer, über Essen und Trinken. Vor allem sprich nicht über deine Mitmenschen, sei es tadelnd oder lobend oder vergleichend. Vermagst du es, so lenke das Gespräch auf einen würdigen Gegenstand. Bist du aber unter ganz Fremden, so schweige.
Lache nicht viel, nicht über alles und nicht überlaut.

Schwöre nicht! wenn möglich überhaupt nicht, oder doch so selten als nur möglich.

Einladungen zu Gastmählern bei anders gesinnten und ungebildeten Leuten schlage aus. Trifft es sich, daß du der Einladung nicht ausweichen kannst, so sei streng und aufmerksam gegen dich, daß du nicht in den gewöhnlichen Ton verfällst. Denn wisse: ist einer unrein, so wird auch der beschmutzt, der mit ihm umgeht, mag er selbst auch rein gewesen sein.

Die Bedürfnisse des Leibes – Essen, Trinken, Kleidung, Wohnung, Gesinde – befriedige in der einfachsten Weise. Äußeren Glanz und Luxus laß beiseite.

Von sinnlicher Liebe halte dich vor der Ehe möglichst unberührt. Beschränke dich dann auf das, was die Sitte erlaubt. Denen, die anders leben, falle jedoch nicht mit Vorhaltungen zur Last. Rede auch nicht viel von deiner Enthaltsamkeit.

Sagt jemand zu dir: der oder jener hat dir Übles nachgeredet, so rechtfertige dich nicht erst lange, sondern antworte: er kennt eben meine andern Fehler nicht, sonst hätte er wohl noch mehr gesagt.

Das Theater häufig zu besuchen, ist nicht gerade nötig. Tust du es, so richte dein Augenmerk nur auf dich selbst; d. h. nimm, was vorgeht, ruhig hin, und laß den Sieger Sieger sein. So wird deine innere Ruhe nicht gestört werden. Beifallsrufe, Gelächter, tiefere Bewegung vermeide ganz und gar. Und beim Weggehen sprich nicht viel über das Aufgeführte, soweit es dich nicht fördert. Denn sonst offenbart sich, daß du dich zur Bewunderung des Schauspiels hast fortreißen lassen.

Vorlesungen der Schriftsteller besuche nicht wahllos, und bewahre dabei deine würdige und gesetzte Haltung, ohne jedoch schroff zu sein.

Sollst du jemandem begegnen, besonders einem, den die Leute für vornehm halten, so frage dich: was hätten Sokrates oder Zeno in diesem Falle getan? Dann wirst du nicht in Verlegenheit sein, wie du dem andern in würdiger Weise begegnen sollst.
Mußt du zu einem Großen gehen, so sage dir: er wird nicht zu Hause sein; ich werde abgewiesen werden; seine Tür wird mir verschlossen bleiben; er wird mich nicht beachten.
Läßt es sich nicht umgehen, ihn zu besuchen, so nimm hin, was geschieht, und sage nicht: es war nicht der Mühe wert. Das wäre niedrig und würde von Schwachheit gegenüber äußeren Verhältnissen zeugen.
Sprich nicht viel und über Gebühr von deinen eigenen Taten und Gefahren. Wenn es dir Vergnügen macht, von bestandenen Gefahren zu erzählen, so braucht es andern noch lange nicht angenehm zu sein, zu hören, was dir begegnet ist.
Vermeide es auch, zu lachen und Witze zu machen, denn die Gefahr liegt nahe, daß du dabei in gewöhnliches, ja schamloses Gerede abgleitest und die Schranke zu deinen Mitmenschen niederreißt.
Wenn ein anderer unanständige Reden führt, weise ihn, wenn es geht, zurecht. Ist dies nicht möglich, so zeige wenigstens durch auffallendes Schweigen, Erröten und ernste Miene deine Mißbilligung.

34. Von sinnlicher Lust

Hat dich die Vorstellung einer sinnlichen Lust erfaßt, so sieh dich vor, daß sie dich nicht hinreißt. Laß sie auf dich warten und gewinne einen kleinen Aufschub von dir selbst. Denke dann an zwei Momente: an den des Genusses selbst und an den nach dem Genusse, den Moment der Reue und der Selbstvorwürfe. Dem stelle gegenüber, wie du dich freuen, wie du dich selber loben wirst, wenn du dich zu beherrschen wußtest. Bietet sich dir dann die Gelegenheit dar, so gib acht, daß dich das Anmutige, das Reizende, das Verführerische nicht zu Fall bringt. Denke daran, wieviel schöner das Bewußtsein eines Sieges ist.

35. Tue recht und scheue niemand!

Tust du etwas in der Überzeugung, daß du es tun mußt, so schäme dich nicht, dabei gesehen zu werden, und kümmere dich nicht um das Urteil der andern. Ist dein Tun unrecht, so wirst du es selbst unterlassen; handelst du recht, so brauchst du ungerechten Tadel nicht zu fürchten.

36. Tischregel

Es ist Tag – es ist Nacht: diese Sätze sind von Wert, wenn man Gegensätze herausstellt, aber nicht, wenn man Verbindung sucht. So auch bei einer Einladung: ich habe mir das größte Stück genommen – das mag zwar für den Körper von Wert sein, aber nicht für die Geselligkeit. Bist du also bei einem andern zu Gast, so achte nicht bloß auf den Wert der Speisen für deinen Körper, sondern nimm auch gebührende Rücksicht auf den Gastgeber.

37. Beschränke dich!

Hast du eine Aufgabe übernommen, der du nicht gewachsen bist, so wirst du dich damit nicht nur bloßstellen, sondern darüber auch das versäumen, was du hättest tun können.

38. Nimm deine Seele in acht!

Wie du beim Gehen acht gibst, daß du nicht in einen Nagel trittst oder dir den Fuß verstauchst, so gib auch acht, daß du an deiner Seele keinen Schaden nimmst. Wenn du dies bei jedem Tun beachtest, wirst du ohne Gefahr dabei bleiben.

39. Über den Luxus

Als Maß für den Besitz soll jedem der Körper gelten, wie für den Schuh der Fuß. Bleibst du dessen eingedenk, so wirst du Maß halten. Andernfalls geht es unaufhaltbar die abschüssige Bahn hinab. Es ist wie mit dem Schuh: gehst du über das Bedürfnis des Fußes hinaus, so wird er zuerst vergoldet, danach mit Purpur verbrämt, endlich gar gestickt. Ist einmal das Maß überschritten, so gibt es keine Grenze mehr.

40. Anweisung für junge Mädchen

Die jungen Mädchen werden schon mit vierzehn Jahren von den Männern Damen genannt. Und da sie nun bemerken, daß sie keine andere Aufgabe haben, als die, bei den Männern zu schlafen, so fangen sie an, ihre Hoffnungen auf Schönheit und Aufmachung zu setzen. Man sollte ihnen nahe legen, daß ihre Ehre auf nichts anderem beruht als auf Anstand und Bescheidenheit.

41. Befriedigung der körperlichen Bedürfnisse

Es verrät gewöhnlichen Sinn, bei den Bedürfnissen des Körpers zu lange zu verweilen und zum Beispiel zuviel Zeit auf Leibesübungen, auf Essen und Trinken, auf die Befriedigung der niedrigsten und sinnlichsten Triebe zu verwenden. Das alles sind doch nur gleichgültige Dinge, und unsere Aufmerksamkeit gebührt der geistigen Seite unseres Wesens.

42. Wem Kränkungen schaden

Wenn dich einer kränkt mit Wort oder Tat, so tut er's im Glauben, er müsse es tun. Er kann unmöglich deinen Vorstellungen folgen, sondern nur seinen eigenen. Hat er nun falsche Vorstellungen, so ist der Schaden sein, denn er täuscht sich selbst. So, wenn jemand einen wahren, wenn auch schwierigen Satz für falsch hält, wird nicht dieser wahre Satz geschädigt, sondern der, der ihn nicht verstanden hat. Wenn du das bedenkst, wirst du Beleidigungen geduldig aufnehmen und in jedem einzelnen Falle sagen: dem scheint es so zu sein.

43. Wie sich die Dinge ertragen lassen

Jedes Ding hat zwei Henkel; an dem einen kannst du es tragen, an dem andern nicht. Tut dir dein Bruder unrecht, so sage nicht: er kränkt mich. Faßt du an diesem Henkel, wird es unerträglich. Sage vielmehr: er ist mein Bruder, der mit mir aufgewachsen ist. Dann ergreifst du die Seite, wo es sich tragen läßt.

44. Was heißt „besser sein"?

Was redest du für ungereimtes Zeug: ich bin reicher als du, folglich bin ich besser als du. Oder: ich bin beredter als du, folglich bin ich besser als du. – Du solltest vielmehr sagen: ich bin reicher als du, folglich ist mein Besitz besser als der deine. Ich bin beredter als du, folglich ist meine Beredsamkeit besser als die deine. Du selbst bist doch weder Besitz noch Beredsamkeit.

45. Urteile nicht voreilig!

Es wäscht sich jemand eilig. Sage nicht: er wäscht sich schlecht, sondern: er wäscht sich eilig.
Es trinkt jemand viel Wein. Sage nicht: er tut übel daran, sondern nur: er trinkt viel.
Denn woher weißt du, ob etwas schlecht ist, bevor du auf den Grund gegangen bist? So wird es dir nicht geschehen, daß du dir sonst begründete Vorstellungen bildest, hier aber dem ersten Anschein zustimmst.

46. Woran ein Philosoph zu erkennen ist

Nenne dich niemals einen Philosophen und sprich unter Ungebildeten nicht viel von philosophischen Lehren, sondern handle diesen Lehren gemäß. Bei einem Gastmahl z. B. sprich nicht davon, wie man essen soll, sondern iß, wie man essen soll. Erinnerst du dich, wie auch Sokrates es vermieden hat, als Philosoph zu glänzen? Es kamen Leute zu ihm, die von ihm zu den Philosophen geführt zu werden wünschten, und er führte sie einfach hin. So wenig machte er sich daraus, daß man ihn übersah. Kommt also unter Laien das Gespräch auf ein philosophisches Thema, so schweige möglichst. Denn die Gefahr ist groß, daß du über Dinge redest, die du noch nicht verdaut hast. Wenn dann einer zu dir sagt: du weißt aber nichts, und du bist nicht aufgebracht darüber, so hast du den Anfang deiner Aufgabe erfaßt. Die Schafe beweisen dem Hirten nicht dadurch, daß sie das Futter wieder von sich geben, wieviel sie gefressen haben, sondern sie tragen Wolle und geben Milch. Also auch du blende die Laien nicht mit philosophischen Sätzen, sondern beweise ihre Wahrheit durch Taten.

47. Prahle nicht!

Wenn du deinen Körper an Einfachheit gewöhnt hast, so prahle nicht damit. Wenn du nur Wasser trinkst, so sage nicht bei jeder Gelegenheit: ich trinke nur Wasser. Übst du dich im Ertragen von Strapazen, so tue es für dich und nicht für die Zuschauer. Statuen umarme nicht, um die Abhärtung deines Körpers zu zeigen. Aber wenn du einmal heftigen Durst hast, nimm einen Schluck kaltes Wasser, spei es wieder aus und sage keinem davon.

48. Suche das Glück in dir selbst!

Ein Ungebildeter erwartet keinen Nutzen oder Schaden von sich selber, sondern alles von außen. Der Philosoph erwartet allen Nutzen und allen Schaden von sich selber. Der Fortschreitende tadelt und lobt niemanden, schilt niemanden, macht niemandem Vorwürfe und spricht nicht über sich selber, als sei er etwas Besonderes oder wisse etwas Besonderes. Wird er durch irgend etwas gehindert oder gehemmt, so sieht er die Ursache in sich selbst. Lobt ihn jemand, so lächelt er bei sich selbst über den, der ihn lobt; tadelt ihn jemand, so läßt er sich nicht auf eine Widerlegung ein. Er geht einher wie ein Kranker und hütet sich, zu bewegen, was noch nicht gefestigt ist. Jede Begierde hat er aus seinem Wesen verbannt, seine Abneigung auf das beschränkt, was naturwidrig ist und zu dem gehört, was nicht in seiner Macht steht. Sein Wollen ist in allen Dingen ohne Leidenschaft und darum um so beständiger und fester. Erscheint er töricht und unwissend, so macht ihm das keine Sorge. Aber vor sich selber ist er auf der Hut, wie vor einem Feinde und Verräter.

49. Der Schriftgelehrte ist noch kein Philosoph

Wenn einer sich damit brüstet, daß er die Schriften des Chrysipp verstehe und auslegen könne, so sage zu dir selbst: Hätte Chrysipp nicht dunkel geschrieben, so hätte dieser nichts, womit er sich brüsten könnte. Ich aber, was will ich? Die Natur verstehen lernen und ihr folgen. Ich frage daher: wer führt mich zu ihr? Und da man mir sagt: Chrysipp, so mache ich mich auf den Weg zu ihm. Aber ich verstehe seine Schriften nicht. Ich suche also jemanden, der sie mir erklärt. Bis daher gibt es nichts, womit man sich brüsten könnte. Habe ich einen gefunden, der mir die Schriften des Chrysipp erklären kann, so bleibt noch übrig, seine Lehren anzuwenden, zu leben. Das allein ist das Große. Wenn ich aber nur das Erklären bewundere, so bin ich eben kein Philosoph, sondern ein Schriftgelehrter oder Philologe, nur daß ich statt Homer den Chrysipp erkläre. Wenn also jemand zu mir sagt: Lies mir aus Chrysipp vor, so müßte ich erröten, wenn ich nicht auch Taten aufzuweisen hätte, die seinen Lehren entsprechen.

50. Mache dir die Philosophie zum Gesetz!

Halte die philosophischen Lehren wie Gesetze, und halte es für eine Sünde, sie zu übertreten. Was man auch sagen mag, kümmere dich nicht darum, denn das liegt nicht mehr im Bereiche deiner Macht.

Wie lange willst du es noch hinausschieben, dich des Besten für wert zu halten und in keinem Falle die Vernunft außer acht zu lassen, die zwischen Gut und Böse scheidet? Du hast Lehren bekommen, denen du zustimmen mußtest, und du hast ihnen zugestimmt. Wartest du noch auf einen andern Lehrer, dem du deine Besserung übertragen willst? Du bist doch kein Knabe mehr, sondern ein reifer Mann. Wenn du also nachlässig und leichtsinnig bist, immer nur gute Vorsätze faßt und einen Tag nach dem andern festsetzt, von dem an du auf dich achten willst, dann wirst du, ohne es recht zu merken, überhaupt keine Fortschritte machen, sondern ein Stümper bleiben im Leben und im Sterben. Halte dich endlich für wert, Fortschritte zu machen wie ein reifer Mann! Und alles, was dir als das Beste erscheint, sei dir ein unverbrüchliches Gesetz. Mag es sich um ein Mühevolles oder Angenehmes, um ein Ruhmvolles oder Ruhmloses handeln, denke immer: jetzt gilt es zu kämpfen, hier sind die Olympischen Spiele, da gilt kein Aufschub. Und in

einem Tag und in einer Handlung ist der ganze Fortschritt vernichtet oder gerettet.
Sokrates hatte seine Höhe erreicht, weil er bei allem auf nichts achtete als auf die Vernunft. Du aber, bist du gleich kein Sokrates, so solltst du wenigstens leben, als ob ein Sokrates aus dir werden sollte.

51. Das Wichtigste

Der erste und wichtigste Teil der Philosophie ist ihre Anwendung im Leben, wie zum Beispiel, daß man nicht lügt. Das zweite sind die Beweise, z. B. warum man nicht lügen soll. Das dritte ist die Begründung und scharfe Untersuchung der Beweise selber, z. B.: woraus ergibt sich, daß dies ein Beweis ist; was ist überhaupt ein Beweis, was eine Folge, was ein Widerspruch; was ist wahr und was ist falsch. Das dritte ist wegen des zweiten nötig, das zweite wegen des ersten. Das Notwendigste aber bleibt das erste, und bei ihm soll man verweilen. Wir aber machen es gewöhnlich umgekehrt. Wir verweilen bei dem dritten Teil und all unser Eifer gilt diesem, während wir den ersten Teil ganz außer acht lassen. So kommt es, daß wir lügen; wie aber bewiesen wird, daß man nicht lügen darf, ist uns nur zu geläufig.

52. Leitsprüche

Bei allem Tun sei uns dieser Spruch zur Hand:
Führe mich, Zeus, und du, allmächtiges Schicksal,
dahin, wo ich nach eurem Willen stehen soll.
Ich will nicht zögern, euch zu folgen. Wollt' ich nicht,
Ich wär ein Frevler, und ich müßte doch!

Und weiter:
Wer dem Geschick sich wohl zu fügen weiß,
Der kennt, ein weiser Mann, das göttliche Gebot.

Und endlich das dritte:
Gefällt es den Göttern, Kriton, so mag es geschehen.
Schließlich: Anytos und Meletos können mich töten, aber schaden können sie mir nicht.

AUS DEN UNTERREDUNGEN EPIKTETS*

1. Über Naturforschung

Fr. 1.

An einen, der über die Substanz der Dinge so sprach: „Was kümmert es mich, ob die Welt aus Atomen oder aus Homöomerien oder aus Feuer und Erde besteht? Ist es nicht genug, das Wesen des Guten und Bösen erkennen und den Maßstab unseres Begehrens und Meidens, unserer Neigungen und Abneigungen und danach sein Leben einrichten? Dingen dagegen, die zu hoch für uns sind, nicht weit nachzudenken – Dingen vielleicht, die unserem Erkenntnisvermögen überhaupt unerreichbar sind? Wenn aber auch erreichbar, was hätte es für einen Nutzen, sie zu erkennen? Machen sich nicht diejenigen eitle Mühe, die diese Dinge der Philosophie als notwendige Aufgaben zuweisen?"

Ist etwa auch das Gebot am Tempel zu Delphi: Erkenne dich selbst! überflüssig?

„Das freilich nicht!"

Untersuchen wir doch einmal seine Bedeutung: wenn man einem Chorsänger vorschriebe, sich selbst zu erkennen, würde dieser seinen Sinn nicht auf die Vorschrift richten, indem er seine Aufmerksamkeit auf seine Mitsänger richtete und auf seinen Einklang mit ihrem Gesang?

„Gewiß."

* 1–9 enthalten Bruchstücke aus verlorengegangenen Unterredungen; sie werden hier nach der Ausgabe von Schenkl zitiert.

Wäre es nicht ähnlich bei einem Seemann? oder einem Soldaten? Scheint dir also der Mensch geschaffen zu sein, um für sich allein zu leben oder in Gemeinschaft mit anderen?
„In Gemeinschaft mit anderen."
Von wem?
„Von der Natur."
Wer sie ist und wie sie im Weltall waltet und ob sie vernünftig ist oder nicht, braucht man sich darüber etwa keine Gedanken zu machen?

2. Natur

aus Fr. 23.

Wunderbar ist die Natur und voll Liebe zur Kreatur.

3. Kosmos

Fr. 3.

Alles gehorcht dem Kosmos, alles dient ihm: die Erde und das Meer, die Sonne und die übrigen Gestirne, die Pflanzen und alle Lebewesen der Erde. Ihm gehorcht auch unser Körper, der krank und gesund ist nach dem Willen des Kosmos, jung ist und alt wird und den übrigen Veränderungen unterworfen ist. Darum ist es vernünftig, daß auch das, was in unserer Gewalt steht, nämlich unser Urteil, ihm nicht widerstrebt. Denn der Kosmos ist gewaltig und stärker als wir, der über alles und auch über uns waltet. Ihm zu widerstreben ist unvernünftig und führt zu nichts als vergeblichem Bemühen, Schmerz und Kummer.

4. Was erreichbar ist

Fr. 4.

Von den Dingen hat Gott die einen in unsere Gewalt gegeben, die andern nicht. In unsere Gewalt gab er das Herrlichste und Erhabenste, wodurch er selbst glückselig ist: den Gebrauch der Vorstellungen. Wenn wir sie recht gebrauchen, bedeutet das für uns ein freies, leichtes, heiteres, beständiges Dasein; es bedeutet Recht, Gesetz und Selbstbeherrschung, überhaupt jede Tugend. Alles andere hat Gott nicht in unsere Gewalt gegeben. Wir müssen uns also in den Willen der Gottheit schicken und, indem wir so die Dinge unterscheiden, auf alle Weise erstreben, was in unsere Gewalt gegeben ist. Was aber nicht in unsere Gewalt gegeben ist, das müssen wir dem Kosmos anheimstellen. Und wenn er unsere Kinder von uns fordert oder unser Vaterland oder unsern Körper oder irgend etwas, so müssen wir es willig hingeben.

5. Erziehung

Fr. 5.

Dem Spartaner Lykurg hatte ein junger Mitbürger ein Auge ausgeschlagen. Das Volk lieferte ihm den Übeltäter aus zur beliebigen Bestrafung. Lykurg tat ihm jedoch nichts zuleide; er erzog ihn vielmehr und machte ihn zu einem tüchtigen Mann. Dann brachte er ihn vor das Volk, und als dieses sich darüber wunderte, sagte er: „Als einen Verbrecher habt ihr mir diesen Mann überantwortet; ich gebe ihn euch zurück als einen tüchtigen Bürger."

6. Wer zu verachten ist

Fr. 7.

Die Meinung, man werde den andern verächtlich erscheinen, wenn man seinem Feind nicht auf jede Weise Schaden zufügt, ist nur eines unedlen und unvernünftigen Menschen würdig. Gewöhnlich verachtet man freilich den, der nicht imstande ist, einem zu schaden. Es ist richtiger, den zu verachten, der nicht imstande ist, zu nützen.

7. Der Kreislauf der Dinge

Fr. 8.

So war die Natur des Kosmos, so ist sie, und so wird sie sein. Es ist unmöglich, daß etwas anders geschieht, als es geschieht. Und an diesem Wandel und Wechsel nehmen nicht nur die Menschen und die übrigen Wesen auf der Erde teil, sondern auch die göttlichen Dinge, und selbst die vier Elemente verwandeln sich in auf- und absteigender Linie: Erde wird zu Wasser und Wasser zu Luft, und diese wieder verwandelt sich in Äther; dieselbe Verwandlung geht auch umgekehrt von oben nach unten vor sich. Wenn du darauf deinen Sinn zu richten verstehst und dich willig dem Unabänderlichen beugst, so wirst du ein Leben voll Maß und Harmonie führen.

8. Unwillkürliche Reaktionen

Fr. 9.

Die Vorstellungen, die den Geist des Menschen beim ersten Innewerden eines äußeren Vorzugs bewegen, entspringen nicht willentlicher Entscheidung, sondern sie drängen sich dem Menschen sozusagen mit Gewalt ins Bewußtsein, während die Zustimmung, wodurch diese

Vorstellungen als berechtigt anerkannt werden, auf freiem Willen und bewußter Entscheidung des Menschen beruht. Darum wird auch der Geist eines Weisen mit Notwendigkeit für einen Augenblick erschüttert und beklommen, wenn ein heftiges Geräusch, z. B. beim Gewitter oder beim Einsturz eines Gebäudes, an sein Ohr schlägt, oder wenn ihn plötzlich die Nachricht von einer drohenden Gefahr oder etwas Ähnlichem trifft. Das kommt nicht daher, weil er etwa die Meinung gefaßt hat, es stehe ihm etwas Schlimmes bevor, sondern daher, daß gewisse plötzliche und unwillkürliche Bewegungen dem Dienst des Geistes und der Vernunft zuvorkommen. Aber sofort unterdrückt der Weise solche Vorstellungen; er findet nichts Fürchterliches an diesen Erscheinungen. Und darauf beruht der Unterschied zwischen dem Unweisen und dem Weisen: der Unweise glaubt, daß die Dinge in Wahrheit so schlimm seien, wie sie ihm beim ersten Eindruck erscheinen, und befestigt die zuerst gefaßten Vorstellungen nachträglich noch durch seine bewußte Zustimmung. Der Weise dagegen – mag er auch für einen Augenblick die Farbe gewechselt haben – versagt jenen ersten Eindrücken seine Zustimmung und bewahrt seine Fassung, die er solchen Vorstellungen gegenüber immer angenommen hat, Vorstellungen, die durchaus nicht ernst zu nehmen sind, sondern nur durch eine Maske erschrecken, hinter der nichts ist.

9. Unabhängigkeit

aus Fr. 11.

Als Archelaos den Sokrates zu sich eingeladen hatte, um seinen Reichtum mit ihm zu teilen, ließ dieser dem König sagen: „In Athen kosten vier Liter Gerstengraupen einen Obolos, und Wasser spenden die Quellen in Fülle!“

10. Was macht den Menschen aus?

I, 6.

Es ist zweierlei: handeln und mit Bewußtsein handeln. Jenen hat die Gottheit nur verliehen, von dem Sinnfälligen Gebrauch zu machen, uns aber, mit Bewußtsein zu handeln. Deshalb genügt es für jene, zu essen, zu trinken, zu schlafen, sich zu begatten und all das zu tun, was die Bestimmung vernunftloser Wesen ist; uns aber, denen Gott Bewußtsein gegeben hat, genügt das nicht, vielmehr, wenn wir nicht in rechter Art, in einer gewissen Ordnung und unserer Natur und Anlage gemäß handeln, so werden wir unser Endziel nicht erreichen.

11. Nicht jammern und klagen!

I, 6.

Ihr alle geht nach Olympia, um das berühmte Werk des Phidias zu sehen, und jeder von euch hält es für ein Unglück, zu sterben, ohne es gesehen zu haben. Und das anzusehen und zu betrachten, wozu ihr nicht erst zu reisen braucht, was vor euren Augen liegt, dazu fehlt euch die Lust? Wißt ihr denn nicht, wer ihr seid und wozu ihr da seid? Fühlt ihr nicht, was es heißt, die Gabe des Sehens zu besitzen?

Aber es gibt doch manches Unangenehme und Beschwerliche im Leben!

In Olympia etwa nicht? Habt ihr da nicht unter der Hitze und dem Gedränge zu leiden? Gibt es dort keine schlechten Bäder? Werdet ihr dort bei Regen nicht naß? Gibt es nicht Lärm, Geschrei und eine Menge anderer Unannehmlichkeiten? Und doch duldet ihr das alles gern, wenn ihr es vergleicht mit dem herrlichen Schauspiel, das sich euch dort bietet. Also, habt ihr nicht die Kraft verliehen bekommen, alles zu ertragen, was euch zustößt? Habt ihr keine Seelengröße, keinen Mut, keine Standhaftigkeit? Was kann mir zustoßen, wenn ich Seelengröße besitze? Was kann mich aus der Fassung und in Unruhe bringen? Was kann mir schmerzhaft erscheinen? Kann ich nicht meine Fähigkeiten dazu verwenden, wozu ich sie erhalten habe? Soll ich etwa jammern und klagen über das, was mir zustößt?

Was, meinst du, wäre wohl aus Herakles geworden, wenn es keinen solchen Löwen, keine Hydra, keinen solchen Hirsch, keinen wilden Eber, keinen Verbrecher und wilden Menschen gegeben hätte, die er vertrieb und von denen er das Land befreite? Was hätte er wohl tun sollen, wenn es nichts dergleichen gegeben hätte? Er hätte sich eingewickelt und geschlafen, meinst du nicht auch? Er wäre aber sicherlich nicht der Herakles geworden, wenn er sein ganzes Leben verschlafen hätte. Und wenn er der starke Herakles geworden wäre, was hätte ihm seine Stärke genützt? Welchen Wert hätten seine Arme, seine Stärke, seine Zähigkeit, sein großer Mut gehabt, wenn nicht solche Gefahren und Hindernisse ihn angespornt und gestählt hätten?

Glaube aber ja nicht, du müßtest dir das alles auch anschaffen, müßtest jetzt einen Löwen herbeischleppen, oder einen Eber, oder eine Schlange! Das wäre Torheit und Wahnsinn. Da sich jene Ungetüme fanden, so waren sie gerade gut, damit er sich an ihnen als Herakles zeigen und bewähren konnte. Wohlan also, auch du, sieh dir deine Kräfte an, die dir zuteil geworden, und sprich dann: – Laß eine Gefahr kommen, welche du willst, o Gott, ich bin darauf vorbereitet; du hast mich ja geschaffen und gibst mir nun Gelegenheit, aus dem, was du mir schickst, mit Ehren hervorzugehen!“

Aber ihr, ihr sitzet da und zittert vor Furcht, es könnte euch etwas zustoßen, oder ihr klagt und weint und jammert über das, was euch zugestoßen ist. Und dann klagt ihr die Gottheit an. Aber die Gottheit hat uns nicht bloß die Kraft verliehen, alles zu ertragen, ohne uns von etwas niederdrücken oder einschüchtern zu lassen, sie hat uns auch die Freiheit gegeben, diese Kraft anzuwenden.
Ich will dir zeigen, daß du alles hast, was du brauchst, um dich groß und mannhaft zu zeigen, du aber mußt mir zeigen, welche Veranlassung du hast, zu schimpfen und zu schelten.

12. Der Weltbürger

I, 9.

Wenn es wahr ist, was die Philosophen über die Verwandtschaft von Gott und Menschen sagen, so bleibt den Menschen nichts anderes übrig, als zu tun wie Sokrates, der auf die Frage, was für ein Landsmann er sei, nicht etwa antwortete: ein Athener oder Korinther, sondern: ein Weltbürger. Denn warum nennst du dich nach der Stadt Athen und nicht nach jenem kleinen Winkel, in den dein Leib bei deiner Geburt geworfen wurde? Offenbar deshalb, weil Athen bedeutender ist und nicht nur jenen Winkel mitumfaßt, sondern dein ganzes Haus und überhaupt alles, worin das Geschlecht deiner Ahnen bis auf dich sich fortgepflanzt hat. Wer nun die Weltregierung aufmerksam betrachtet und gefunden hat, daß das größte, mächtigste und umfassendste Gemeinwesen dasjenige ist, das aus den Menschen und Gott gebildet wird, daß von ihm aller Lebenssame hergekommen, nicht nur der meines Vaters und Großvaters, sondern auch alles Lebendigen und vor allem aller vernünftiger Wesen, weil nur diese vermöge ihrer Vernunft zur Gemeinschaft mit Gott gelangen –, warum nennt der sich nicht einen Sohn Gottes?

13. Die Einstellung zum Tod

I, 9.

Euer Lehrer sollte hier sitzen und euch nicht bloß dazu anleiten, daß ihr nicht niedrig von euch denkt und daß ihr keine unwürdigen Gespräche haltet; sondern er müßte es dahin bringen, daß es keine jungen Männer mehr gebe, die ihre Verwandtschaft mit den Göttern wohl erkannt haben, aber das, womit wir eng verbunden sind: Leib, Besitz, alles, was uns notwendig ist zur Erhaltung und Ordnung des Lebens, als eine lästige, beschwerliche und nutzlose Fessel empfinden, davon sie sich entledigen wollen, um sich mit Gott zu vereinigen. Euer Lehrer und Erzieher, wenn er wirklich einer wäre, müßte folgenden Disput mit euch führen. Ihr kommt zu ihm und sprecht: „Epiktet, wir ertragen es nicht mehr länger, an diesen Leib gefesselt zu sein, ihm Speise und Trank geben zu müssen, ihn ausruhen zu lassen, ihn waschen, uns nach diesem oder jenem richten zu müssen. Ist das alles nicht gleichgültig? Ist der Tod denn ein Übel? Sind wir nicht mit Gott verwandt und von ihm hergekommen? Laß uns dahin zurückkehren, woher wir gekommen sind, wir wollen die Bande lösen, die uns hier fesseln und behindern. Hier gibt es Diebe, Räuber, Gerichtshöfe, solche, die sich Herrscher nennen, weil sie Gewalt über unsern Leib und seine Bedürfnisse zu haben glauben. Laß uns ihnen zeigen, daß sie über nichts Gewalt haben.“ Bei einer solchen Rede müßte ich antworten: „Ihr Menschen, wartet auf Gott. Wenn er euch ruft und euch vom

Dienst ablöst, dann geht zu ihm; für jetzt aber bleibt ruhig auf eurem Platze, auf den er euch gestellt hat; kurz ist die Zeit des Verweilens hier und bei einer solchen Gesinnung auch leicht. Welcher Tyrann denn oder welcher Dieb oder welche Gerichtshöfe sind furchtbar für die, welche Leib und Besitz für nichts achten? Bleibt und geht nicht unbesonnen fort!"

So etwa sollte ein Lehrer auf edle junge Männer einwirken. So aber, was geschieht? Wie ein Toter ist der Lehrer, und tot sind auch die jungen Leute. Wenn ihr heute satt geworden seid, so sitzt ihr da und jammert, was ihr morgen essen werdet. Du kleinmütiger Mensch, wenn du heute etwas hast, so wirst du auch morgen haben; hast du aber nichts, so geh, das Tor steht offen.

14. Freiheit und Verantwortung

I, 12.

Frei ist derjenige, dem alles nach seinem Willen geht und den niemand hindern kann.

Ist Freiheit also unbeschränkte Willkür?

Durchaus nicht. Wahnwitz und Freiheit sind nicht dasselbe.

Aber ich will, daß alles geschieht, was und wie ich will.

Du bist verrückt, mein Lieber! Weißt du denn nicht, daß die Freiheit etwas Schönes und Herrliches ist? Wenn ich aber das will, was mir gerade einfällt, so ist das nicht herrlich, sondern sehr schlecht. Wie machen wir es denn in der Grammatik? Darf ich z.B. den Namen „Dion" schreiben, wie es mir beliebt? Nein, sondern ich muß ihn so schreiben, wie er geschrieben werden muß. Mit der Musik ist es ebenso; überhaupt mit allem, wo es sich um Können und Verstehen handelt; denn sonst wäre es zwecklos, ein Ding verstehen zu wollen, wenn es sich doch nach dem Willen einzelner richten würde. Sich bilden heißt demnach, alles so zu wollen, wie es geschieht. Wie geschieht es aber? So wie es der große Leiter eingerichtet hat, daß es Sommer und Winter, Ernte und Mißernte, Tugend und Laster und alle die andern Gegensätze gibt außer der ganzen, großen Harmonie unter uns; einem jeden gab er Leib und Glieder, Besitz und Genossen.

Sind wir uns nun dieser Einrichtung bewußt geworden, so müssen wir durch den Unterricht angeleitet werden, nicht dazu, daß wir die Einrichtung der Welt ändern – denn das ist uns nicht gegeben und würde auch nicht vorteilhaft für uns sein – sondern dazu, unser Inneres mit den Vorgängen in Übereinstimmung zu bringen, da ja die Dinge um uns so sind, wie sie sein sollen und von Natur aus so geworden sind.

Wie aber ist es möglich, den Menschen aus dem Wege zu gehen? wie kann man das? wie kann man sie bessern, wenn man mit ihnen umgehen muß? wer hat uns diese Gabe verliehen? was sollen wir tun? welches ist die Kunst, sie richtig zu behandeln?

Die Kunst ist folgende: Jene sollen tun, was ihnen beliebt, wir aber wollen uns verhalten, wie es unserer Natur entspricht. Du bist ein gar zu bequemer und unzufriedener Mensch: Wenn du allein bist, so sprichst du von Verlassenheit, bist du unter Menschen, so nennst du sie Räuber und Wegelagerer. Du beklagst dich sogar über deine eigenen Eltern und Kinder, deine Brüder und Nachbarn. Du solltest aber deine Einsamkeit Ruhe nennen, und dich für frei und göttergleich halten; bist du aber unter vielen, so mußt du nicht gleich von einer Horde reden, von Lärm und Unausstehlichkeit, sondern von einer Festversammlung und feierlichen Zusammenkunft – und so mit allem zufrieden sein.

Was ist die Strafe für die, die es nicht so auffassen? Ihr Zustand selber ist ihre Strafe. Ärgert sich jemand darüber, daß er einsam ist, dann soll er zur Strafe in dieser Einsamkeit bleiben; ist jemand mit seinen Eltern unzufrieden, dann muß er ein schlechter Sohn sein und sich über seine Eltern beklagen; ist jemand unglücklich wegen seiner Kinder, dann muß er eben ein schlechter Vater sein. „Wirf ihn ins Gefängnis“, ist sein Strafurteil. In welches Gefängnis? In das, in dem er jetzt ist; denn er ist wider seinen Willen da, und wo jemand wider seinen Willen ist, da ist sein Gefängnis. So war z. B. Sokrates nicht im Gefängnis, denn er war dort aus eigenem Willen.

Aber muß ich denn dieses lahme Bein haben?

Du kleinlicher Mensch, um dieses armseligen Fußes willen schimpfst du über die Weltordnung? Ihn wolltest du nicht im Hinblick auf die Gesamtheit betrachten? Du willst nicht freiwillig verzichten, ihn nicht freudig dem zurückgeben, der ihn dir gegeben? Du bist unzufrieden und unglücklich über die Ordnung, die Zeus zusammen mit den Moiren bei deiner Geburt festgesetzt hat? Weißt du denn nicht, ein wie geringer Teil du im Verhältnis zum Ganzen bist – d. h. körperlich; geistig bist du nicht geringer und nicht weniger als die Götter selbst; denn die Größe der Vernunft wird nicht nach der Länge und Höhe gemessen, sondern nach ihren Grundlagen. Willst du nicht deinen Schwerpunkt dorthin verlegen, wo du den Göttern gleich bist?

Ich bin so unglücklich, daß ich einen solchen Vater und eine solche Mutter habe.

Warum denn? Wurde dir etwa die Möglichkeit gegeben,

zu wählen und zu sagen: Dieser soll sich mit jener vereinen zu dieser Stunde, damit ich gezeugt werde? Zuerst mußten deine Eltern da sein, dann erst konntest du geboren werden.
Aber von was für Eltern?
Von solchen, wie sie eben waren.
Mußt du nicht den Göttern dankbar sein, daß sie nicht von dir verlangen, was nicht in deiner Gewalt ist, und daß sie nur darüber von dir Rechenschaft fordern, was bei dir steht? Von einer Rechenschaft über deine Eltern bist du frei; auch über deine Brüder, deinen Leib, dein Hab und Gut, Leben und Tod fordern sie von dir keine Verantwortung. Wofür haben sie dich nun verantwortlich gemacht? Nur für das allein, was bei dir steht: für die Anwendung deiner Geisteskräfte. Warum bürdest du dir noch das auf, wofür du nicht verantwortlich bist? Heißt das nicht, sich selbst Steine in den Weg legen?

15. Die Welt eine große Einheit

I, 14.

Einmal fragte ihn jemand, wie man sich davon überzeugen könne, daß alles, was man tut, von Gott bemerkt werde. Er gab zur Antwort: Meinst du nicht, daß alles in einem innigen Zusammenhange steht?
Ja, gewiß.
Weiter, meinst du nicht, daß Irdisches und Himmlisches in enger Verbindung stehen?
Auch das.
Woher käme es sonst, daß die Pflanzen ganz gesetzmäßig, wie auf Befehl Gottes blühen und Knospen treiben, daß sie Früchte tragen, und ihre Früchte reifen lassen, daß sie die Früchte abwerfen und die Blätter verlieren,

daß sie erstarren und in Ruhe bleiben, alles, wie er es ihnen sagt?
Woher käme sonst beim Zunehmen und Abnehmen des Mondes oder bei Sonnennähe oder Sonnenentfernung eine so große Veränderung der Dinge auf der Erde und manchmal geradezu eine Umwälzung?
Stehen aber die Pflanzen und unser Körper in solch engem Zusammenhang mit dem Ganzen, sollten unsere Seelen es nicht noch viel mehr? Unsere Seelen sind ganz eng mit Gott verbunden und innig vereinigt, da sie ja Teile, Stücke von ihm sind; sollte er da nicht jede Regung von uns merken, da wir ja zu ihm und zu seinem Wesen gehören? Deshalb, wenn ihr eure Türen geschlossen und eure Wohnung verdunkelt habt, bedenkt, daß ihr niemals sagen könnt, ihr seid allein; denn ihr seid es nicht, Gott ist in euch, und euer Schutzgeist ist euch nahe.

16. Was die Philosophie verheißt

I, 15.

Einmal bat ihn jemand um Rat, wie er seinen Bruder veranlassen könnte, seine Feindseligkeiten aufzugeben. Er gab ihm zur Antwort: die Philosophie verspricht nicht, dem Menschen etwas zu verschaffen, was nicht in seiner Macht liegt; täte sie es, dann würde sie etwas auf sich laden, was nicht ihres Amtes ist. Denn, wie Holz ein Gegenstand für den Zimmermann, das Erz für den Bildhauer, so ist das Leben jedes einzelnen Gegenstand seiner Lebenskunst; das Leben deines Bruders ist also Gegenstand seiner eigenen Lebenskunst, für dich gehört es zu den Dingen, die außerhalb deines Machtbereichs liegen, wie ein Landgut oder Gesundheit oder äußere Ehren; davon aber verspricht uns die Philosophie nichts. Wie mache ich es aber, daß mein Bruder mir nicht mehr grollt?

Bringe ihn her zu mir, und ich will mit ihm reden; dir aber habe ich über seinen Groll nichts zu sagen.

So laß mich nur das eine wissen, wie ich mich naturgemäß verhalten soll, wenn jener sich nicht mit mir aussöhnt. Epiktet antwortete: Nichts Großes kommt plötzlich, nicht einmal eine Traube oder Feige. Wenn du jetzt zu mir sagtest: ich will eine Feige haben, so würde ich zu dir sagen: dazu gehört Zeit; laß sie zuerst blühen, dann Frucht bringen und dann reif werden. Also nicht einmal die Frucht des Feigenbaumes wird plötzlich und in einem Augenblick vollendet, und die Frucht des menschlichen Geistes wolltest du schnell und mühelos gewinnen? Bilde dir das nicht ein, sage ich dir.

17. Allgemeine Begriffe

I, 22.

Es gibt Begriffe, die allen Menschen gemeinsam sind, und ein richtiger Begriff kann mit einem andern nicht im Widerspruch stehen. Denn wer von uns gibt nicht zu, daß das Gute nützlich ist, daß man es allem vorziehen muß, daß man unter allen Umständen danach streben, sich bemühen muß? Wer von uns ist nicht davon überzeugt, daß die Gerechtigkeit etwas Hohes und Würdiges ist?

Wann entsteht nun aber ein Widerspruch?

Wenn es sich um die Übertragung der Begriffe auf einen besonderen Fall handelt; wenn z. B. jemand sagt: „Er hat eine schöne Tat begangen, er ist tapfer“ und der andere behauptet: „Nein, er hat sinnlos gehandelt.“ Daraus entstehen die Meinungsverschiedenheiten unter den

Menschen. So verhält es sich mit dem Streite zwischen Juden, Syrern, Ägyptern und Römern; sie streiten nicht darüber, ob das Erlaubte vorzuziehen und in jedem Falle zu beobachten sei, sondern darum, ob es erlaubt sei, Schweinefleisch zu essen oder nicht.

Die gleiche Ursache werdet ihr finden in dem Streite zwischen Agamemnon und Achilles. Stellen wir sie einmal vor uns: Was meinst du, Agamemnon, muß man nicht seine Schuldigkeit tun und nur das, was edel ist? „Sicher, das muß man." Was sagst du dazu, Achilles, bist du nicht auch der Ansicht, daß man nur edle Taten vollbringen müsse? „Diese Meinung stelle ich über alles." Nun wendet eure Anschauungen an: und schon beginnt der Streit. Der eine sagt: Ich brauche die Tochter des Chryses ihrem Vater nicht zurückzugeben; der andere sagt: Er muß es tun. Dann sagt jener: Nun gut, wenn ich die Tochter des Chryses wieder hergeben muß, so darf ich mir von irgend einem von euch mein Geschenk nehmen. Dieser erwidert: Du willst mir also meine Geliebte wegnehmen? Ja, gerade deine, entgegnete jener. Also soll ich allein, gerade ich leer ausgehen? So entsteht der Streit.

Man muß also lernen, die natürlichen Begriffe auf die besonderen Fälle so anzuwenden, daß sie im Einklang mit der Natur bleiben, und zweitens zu unterscheiden zwischen Dingen, die in unserer Gewalt stehen und solchen, die nicht in unserer Gewalt stehen.

18. Der Tod

II, 1.

Was ist der Tod? Ein Schreckbild? Betrachte ihn einmal von allen Seiten, sieh, wie er nicht beißt: das Körperliche muß sich vom Geistigen trennen, genau so, wie es vorher getrennt war, und das geschieht früher oder später. Warum klagst du, wenn es jetzt geschieht? Denn wenn der Tod jetzt nicht eintritt, einmal kommt er doch. Weshalb? fragst du. Damit der Kreislauf der Welt vollendet werde. Bei der Aufeinanderfolge der Dinge ist es notwendig, daß das eine jetzt eintritt, das andere erst in der Zukunft, während anderes schon vergangen ist.

19. Die Nähe Gottes

II, 8.

Einen Gott trägst du mit dir herum und weißt es nicht, du Unseliger! Meinst du, ich rede von einem silbernen oder goldenen Gott außer dir? In dir selbst hast du ihn und merkst es nicht, wenn du ihn mit unreinen Gedanken befleckst oder durch schmutzige Handlungen. In Gegenwart eines Götterbildes würdest du nicht wagen, zu tun, was du tust. Nun aber Gott selber in dir gegenwärtig ist, der alles sieht und hört, schämst du dich nicht, etwas Schlechtes zu denken oder zu tun?

20. Pflichten

II, 10.

Untersuche einmal, wer du bist.

Zuerst bist du ein Mensch, das heißt einer, der nichts Höheres hat als seinen freien Willen; ihm ist alles andere untergeordnet, er selbst aber ist niemandes Sklave oder Diener. Untersuche sodann, von wem du durch die Vernunft unterschieden bist! Du bist unterschieden von den wilden Tieren, ebenso wie von den Schafen.

Dann bist du ein Bürger dieser Welt, ein Teil von ihr, nicht ein untergeordneter, sondern ein bevorzugter, denn du hast ein Bewußtsein von dem Zusammenhang und von der Ordnung der Dinge. Was verlangt man nun von einem Bürger? Daß er nichts ausschließlich zum eigenen Nutzen besitze, über nichts eine Meinung so abgebe, als wäre er allein maßgebend, sondern etwa so, als hätte eine Hand oder ein Fuß Vernunft und könnte die Einrichtung der Natur begreifen; diese würden niemals etwas versuchen, erstreben oder betreiben, was gegen das Wohl des Ganzen wäre. Deshalb haben die Philosophen recht, wenn sie sagen: wenn der rechtschaffene Bürger die Zukunft voraussähe, er würde selbst Krankheit, Tod oder sonst einen körperlichen Schaden herbeiführen, wenn er nur wüßte, daß dieses ihm von der Regierung des Ganzen zugeteilt ist; das Ganze ist wichtiger als ein Teil, der Staat wichtiger als ein Bürger. Nun aber, da wir die Zukunft nicht vorauswissen, ist es unsere Schuldigkeit, immer das Beste zu tun, das in unserer Macht liegt.

Sodann bedenke, daß du Sohn bist. Was fordert deine Stellung als Sohn von dir? Alles, was dein ist, als deines Vaters Eigentum zu betrachten, in allen Stücken ihm zu gehorchen, niemals einen Tadel über ihn auszusprechen, nichts gegen ihn zu reden oder zu unternehmen, was ihm Schaden bringt, in allem nachzugeben und ihn gewähren zu lassen und ihn nach Kräften zu unterstützen.

Weiter bedenke, daß du Bruder bist. Und auch in dieser Stellung ziemt dir Nachgiebigkeit, Verträglichkeit, gute Nachrede, daß du niemals etwas beanspruchst, das nicht in deiner Gewalt ist, sondern etwas gern geschehen läßt, damit du in dem mehr gewinnst, was wirklich dein eigen ist. Denn sieh, du kannst dir für eine Schüssel Salat z. B. oder für einen Sessel Gelassenheit erwerben; welch ein Gewinn!

Weiter, wenn du im Rate irgendeines Gemeinwesens sitzt, dann sei wirklich ein Ratsherr; bist du jung, so sei wirklich jung; bist du ein älterer Mann, betrage dich als solcher; bist du Vater, sei ein Vater in der Tat! Denn wenn man eine jede dieser Standesbezeichnungen betrachtet, steht darunter schon geschrieben, was ein jeder dabei zu tun hat. Wenn du nun hingehst und deinen Bruder schmähst, dann sage ich dir: Du vergißt, wer du bist und was du bist; wenn du z. B. ein Schmied wärest und wolltest den Hammer anders gebrauchen als gewöhnlich, dann würdest du deinen Beruf als Schmied vergessen. Wenn du aber vergißt, daß du ein Bruder bist und aus einem Bruder ein Feind wirst, meinst du da, du hättest dich in gar nichts geändert? Wenn du aus einem Menschen, aus einem mitfühlenden und geselligen Wesen, ein reißendes, heimtückisches, bissiges Tier geworden bist, hast du da nichts verloren? Mußt du erst ein elendes Geldstück verlieren, bis du dich geschädigt fühlst? Der Verlust von etwas anderem sollte dich nicht beeinträchtigen? Du würdest z. B. den Verlust deiner Sprachkenntnisse oder deines Musikverständnisses für einen Verlust halten; wenn du aber deine Schamhaftigkeit, Ruhe, Sanftmut verlieren würdest, würdest du das für keinen Verlust halten? Und doch ist jenes durch etwas Äußerliches und nicht zu uns Gehöriges verloren, es schadet nichts, wenn man es verliert; dieses aber geht uns wirklich an; jenes zu besitzen oder nicht zu besitzen, bringt keine Schande, dieses aber nicht zu besitzen oder zu verlieren, bringt Unehre, Schande, ist ein Unglück. Was verliert der, der sich den Lüsten eines Unzüchtigen preisgibt? Er ist kein Mann mehr. Und der, der ihn dazu verleitet, was verliert der? Vieles andere, und auch er ist kein Mann mehr. Was verliert der Ehebrecher? Seine Keuschheit, seine Enthaltsamkeit, den Anstand, er ist kein Bürger, kein Nachbar mehr.

Was verliert der Zornige? Auch er verliert etwas. Der Zaghafte? Auch er. Niemand ist böse, ohne Verlust oder Strafe dabei zu erleiden.

21. Der Nutzen der Philosophie

II, 14.

Einmal war ein Römer mit seinem Sohne gekommen und hatte eine Vorlesung des Epiktet angehört, und dieser sagte nun zum Schluß: „So wird hier unterrichtet", und hörte dann auf zu reden. Jener bat ihn nun, weiter davon zu sprechen; da sagte er:

Jede Kunst ist einem Laien, wenn sie vorgetragen wird, beschwerlich. Und doch zeigt der Nutzen, den man aus der Kunst gewinnt, sofort, wozu sie da ist, und meistens hat sie auch etwas Anziehendes und Angenehmes. Es ist z. B. nicht erfreulich, dabei zu sein, wie ein Schuster sein Handwerk lernt, und doch ist der Schuh nützlich und ihn anzusehen nicht unangenehm. Auch die Unterweisungen, die ein Baumeister erhält, sind für einen Unbeteiligten, wenn er zufällig zugegen ist, meist sehr langweilig; aber das Bauwerk offenbart den Nutzen dieser Kunst. Noch mehr kann man das bei der Musik beobachten; wenn du einer Unterrichtsstunde beiwohnst, scheint dir dieser Unterricht das Unangenehmste von der Welt, und doch ist es auch für einen Nichtmusiker ein Vergnügen und Entzücken, vollendete Musik zu hören. Und jetzt machen wir uns eine Vorstellung von dem Leben eines Philosophen, etwa folgendermaßen: er muß seinen Willen mit den Ereignissen in Übereinstimmung bringen, damit ihm nichts gegen seinen Willen widerfährt, und nicht etwa etwas ausbleibe, was er will. Dies ist der Vorteil daraus: diejenigen, die in einer solchen Gemütsverfassung leben, gehen in ihren Wünschen nie fehl und geraten nie in etwas, was sie vermeiden wollen, sie bringen für ihre Person ihr Leben ohne Trauer, ohne Furcht, ohne Unruhe zu, ihren Mitmenschen gegenüber suchen sie ihrer natürlichen oder übernommenen Stellung gemäß zu leben: als Sohn, Vater, Bruder, Bürger, als Mann, Frau, als Nachbar, Freund, als Herrscher oder Beherrschter.

Womit muß man nun anfangen?

Wenn du dich hier niedersetzen willst, dann will ich dir sagen, daß du zuerst die Ausdrücke verstehen lernen mußt.

Habe ich nicht schon jetzt ein Verständnis dieser Ausdrücke?

Nein, das hast du nicht.

Ich gebrauche sie doch – wie kann ich das?

So wie die Schreibunkundigen die hingeschriebenen Laute, wie die Tiere ihre Sinneseindrücke. Gebrauchen und Verstehen ist zweierlei. Schlage ein Thema vor, welches du willst, und wir wollen uns erproben, ob wir das Verständnis haben.

Aber es ist für einen Mann, der schon bejahrt ist und der vielleicht schon drei Feldzüge mitgemacht hat, unangenehm, wenn er widerlegt wird.

Das weiß ich. Du bist ja zu mir gekommen, als brauchtest du gar nichts mehr. Und woran solltest du auch Mangel haben: du bist reich, hast vielleicht Kinder, eine Frau, viele Diener, der Kaiser kennt dich, hast in Rom viele Freunde, tust deine Schuldigkeit, verstehst es, Gutes mit Gutem und Böses mit Bösem zu vergelten, was fehlt dir noch? Wenn ich dir aber das Notwendigste und Höchste zur Glückseligkeit zeigen würde und daß du dich bis jetzt um alles mehr gekümmert hast als um das, was dich eigentlich angeht – und ich will die Hauptsache

gleich hinzufügen: du weißt nicht, was die Gottheit, was der Mensch, was gut oder böse ist, ja, du kennst sogar dich selbst nicht – wie könntest du das ertragen? wie einen Tadel von mir hinnehmen und dableiben? Schon bist du aufgebracht, willst gehen. Und doch, was habe ich dir Böses getan? Fügt der Spiegel einem Häßlichen Böses zu, weil er ihm zeigt, wie er aussieht? treibt ein Arzt mit dem Kranken Spott, wenn er zu ihm sagt: Lieber Mann, du meinst, es fehlt dir nichts, aber du hast Fieber, iß heute nichts und trinke Wasser? Keiner sagt da: O diese gemeine Beschimpfung! Wenn man aber zu jemandem sagt: Deine Begierden verwirren dich, deine Neigungen stehen nicht im Einklang mit der Natur, deine Grundsätze sind unhaltbar und trügerisch, dann geht der Betreffende weg und sagt: er hat mich beschimpft.
Es ist mit uns wie bei einem großen Opferfest. Da werden Schafe und Ochsen herbeigeführt zum Verkauf, da gibt es sehr viele Menschen, die kaufen und verkaufen wollen; einige nur gibt es, die zu dieser Festlichkeit gekommen sind, nur um zu sehen, wie und warum das alles geschieht, wer die Veranstalter des Festes sind und wem es gilt. So ist es auch hier in dieser Versammlung: Die einen kümmern sich um nichts anderes als um das Futter; denn Besitz, Ländereien, Sklaven, irgendwelche Ämter, um die ihr euch bekümmert, das alles ist nichts anderes als Futter. Wenige aber haben sich zur Versammlung eingefunden aus Vergnügen am Zusehen, um zu erfahren, was die Welt wohl sei, und wer sie regiere.
Aber sie werden von der Menge verlacht.
Ja, auch dort werden die Betrachtenden von den Kaufleuten ausgelacht; und wenn das Vieh Verstand hätte, so würde es auch diejenigen auslachen, die sich für etwas anderes als Futter interessieren.

22. Vom Umgang mit Phantasien

II, 18.

Jede Fertigkeit, jede Fähigkeit wird durch entsprechende Handlungen erhalten und vermehrt: die Fähigkeit zu gehen durch Umhergehen, Schnellaufen durch Übung im Laufen. Willst du gut lesen, so mußt du viel lesen, willst du ein Schreiber werden, so mußt du schreiben; wenn du dreißig Tage hintereinander nichts liest, sondern etwas anderes machst, dann wirst du ja sehen, was geschieht; ebenso, wenn du zehn Tage hast liegen müssen, dann steh auf und versuche einen weiten Marsch zu machen, und du wirst sehen, wie dir deine Beine versagen. Du mußt das tun, worin du tüchtig sein willst; worin du keine Fertigkeit haben willst, das tue auch nicht, sondern gewöhne dich, statt dessen etwas anderes zu tun. Ebenso verhält es sich auch mit seelischen Eigenschaften. Wenn du zornig wirst, so bedenke, daß dir nicht nur dieses Übel widerfahren ist, sondern daß du auch deine Neigung zum Zorne verstärkt hast, daß du gleichsam dürres Holz ins Feuer geworfen hast. Wenn du einmal einer sinnlichen Begierde unterliegst, so halte das nicht bloß für eine Niederlage, sondern bedenke, daß du dadurch jene Begierde gestärkt und vermehrt hast. Denn es ist gar nicht anders möglich, als daß durch entsprechende Handlungen Fertigkeiten und Fähigkeiten teils entstehen, wenn sie vorher nicht da waren, teils großgezogen und verstärkt werden.

In der Tat lehren auch die Philosophen, daß so die Schwächen der Menschen entstehen. Man wünscht sich z. B. einmal Geld; bringt man sich aber die Lehre ins Bewußtsein, daß es Unglück im Gefolge habe, dann hört die Begierde danach sofort auf, und das Herrschende in uns nimmt seine ursprüngliche Stellung wieder ein.

Wenn man aber kein Heilmittel anwendet, so kehrt es nicht mehr dahin zurück, sondern, wieder einmal von einer ähnlichen Vorstellung gereizt, wird es schneller als vorher zu der Begierde entflammt. Und wenn das so ununterbrochen fortgeht, wird man zuletzt ganz verhärtet, und die Begierde verstärkt sich zur Habsucht. Wer nämlich einmal Fieber gehabt hat und es wieder verloren hat, ist nicht mehr ganz derselbe wie vor dem Fieber, es sei denn, er ist völlig geheilt worden. Ebenso verhält es sich auch bei den Krankheiten der Seele. Es bleiben in ihr Spuren und Striemen zurück, die, wenn man sie nicht gut wegbringt, bei einem zweiten Schlag auf derselben Stelle nicht mehr Striemen, sondern offene Wunden bilden.
Wenn du nicht jähzornig sein willst, so ziehe in dir nicht die Gewohnheit groß, gib ihr keine Gelegenheit zum Wachsen. Anfangs suche dich zu beruhigen und zähle die Tage, an denen du nicht zornig bist; früher war ich jeden Tag zornig, jetzt bin ich es nur jeden zweiten Tag, dann immer erst nach zwei Tagen, dann erst nach dreien; und wenn du dreißig Tage hast vorbeigehen lassen können, dann opfere der Gottheit. Die Gewohnheit bekommt zuerst Unterbrechungen, zuletzt hört sie ganz auf: heute war ich nicht traurig, morgen werde ich es auch nicht sein und so zwei, drei Monate fort; aber gib Obacht, wenn irgendwelche Versuchungen kommen. Heute sah ich eine schöne Frau und sprach nicht bei mir: „Wie glücklich ist wohl ihr Mann, wenn er bei ihr liegt!“ Wer so spricht, der kann auch sagen: „Wie glücklich ist ihr Verführer!“ Und dann werde ich mir nicht alles Folgende ausmalen: wenn sie da wäre, wenn sie sich auskleidete, wie sie sich zu mir legte! Statt dessen streiche ich mir über den Kopf und sage zu mir: Schön, Epiktet, du hast einen herrlichen Trugschluß aufgelöst, viel schöner noch

als „den Herrscher“! Wenn aber dieses elende Weib auch noch nach mir verlangt, mir zunickt, nach mir schickt, wenn sie mich sogar anrührt, mir immer näher kommt, und ich bleibe fest und trage einen Sieg davon, das wäre schon ein Trugschluß, der noch über „den Lügner“ oder über „den Ruhenden“ ginge. Und darüber kann ich mit Recht stolz sein, mehr, als wenn ich „den Herrscher“ beweise.

Wie soll das nun geschehen? Habe einmal den Willen, dir selbst zu gefallen und vor Gott recht dazustehen, strebe danach, rein zu werden, einig mit dir selbst und einig mit Gott. Dann, wenn dir eine derartige Vorstellung kommt, dann bedenke, was Platon sagt: „Bringe Sühnopfer dar, geh flehend zu dem Heiligtum der Unglück verscheuchenden Gottheiten“; es genügt aber auch, wenn du den Umgang edler und gebildeter Männer aufsuchst, stelle dich an ihre Seite, sei es ein Lebender oder ein Verstorbener. Geh zu Sokrates und sieh, wie er bei Alkibiades liegt und über dessen Reize spottet. Stelle dir sein Bewußtsein vor, einen solchen Sieg über sich selbst davongetragen zu haben, wie wenn er zu Olympia gesiegt hätte, als der wievielte wohl seit Herakles! Ihn könnte man, und bei Gott mit Recht, so begrüßen: Heil dir, herrlicher Sieger, nicht bloß im Faustkampf oder Ringkampf hast du gesiegt, nicht nur im Pankration, in dem doch alle Mittel erlaubt sind! Das stelle dir vor und du wirst die Vorstellung besiegen und dich von ihr nicht hinreißen lassen. Zuerst laß dich nicht durch sie fortreißen, sondern sage: Warte ein wenig auf mich, Vorstellung, ich möchte sehen, wer du bist und was du enthältst, laß dich einmal prüfen! Und dann laß sie nicht weiterschweifen und sich alles ausmalen, denn sonst reißt sie dich mit fort, wohin sie will. Vielmehr setze ihr eine andere, schöne und edle

Vorstellung entgegen und treibe die schmutzige hinaus. Und wenn du dich gewöhnt hast, dich so zu üben, dann wirst du sehen, welche Schultern du bekommst, welche Sehnen, welche Spannkraft. Jetzt aber sind das bloß Worte, weiter nichts.

Der ist in Wahrheit ein Athlet, der sich gegen solche Vorstellungen übt. Bleib fest, Unglücklicher, und laß dich nicht fortreißen! Groß ist der Kampf und herrlich der Sieg, es gilt die Herrschaft, die Freiheit, Glück und Seelenfrieden. Denke an Gott! Rufe ihn als Hilfe und Beistand an, wie Seefahrer die Dioskuren im Sturme anrufen. Denn welcher Sturm ist größer als der, der durch lebhafte und die Vernunft überwältigende Vorstellungen hervorgerufen wird. Der Sturm selbst, was ist er anderes als eine Vorstellung? Fürwahr, besiege die Furcht vor dem Tode und dann bringe Blitz und Donner, soviel du willst, und du wirst sehen: Stille und heiterer Himmel sind in deinem Innern. Wenn du aber einmal unterliegst und sagst: „Morgen werde ich siegen", und morgen wieder dasselbe, dann wisse, daß du einmal recht schwach und elend werden wirst, daß du später deine Fehler nicht einmal mehr merkst, du wirst sogar anfangen, dein Handeln zu entschuldigen, und dann wirst du wieder ein Beleg sein für die Wahrheit des Hesiod:

Stets wird der saumselige Mensch mit dem Schicksale ringen.

23. Der Stoiker

II, 19.

Wer ist ein Stoiker? Wie wir eine Bildsäule, welche die Kunst eines Phidias gebildet hat, eine phidische nennen, so zeigt mir einen Menschen, nach den Grundsätzen geformt, die er im Munde führt. Zeigt mir einen, der krank und doch glücklich ist, der glücklich in Mühseligkeiten, selbst im Sterben noch glücklich ist, der in Verachtung und Verbannung sich glücklich fühlt! Zeigt mir einen solchen. Bei Gott, ich sehne mich, einen solchen Stoiker zu sehen! Aber ihr könnt mir keinen zeigen, der so vollkommen wäre! Zeigt mir wenigstens einen, der sich zu bilden bemüht ist, der danach strebt, ein Stoiker zu sein. O erzeigt mir diese Wohltat! O verbergt einem alten Manne nicht dieses Wunder, das ich bis jetzt nicht gesehen! Glaubt ihr, ihr sollt mir einen Zeus oder eine Athene von Phidias zeigen, ein Bildwerk aus Gold oder Elfenbein? Zeigt mir doch nur einen Menschen, der danach trachtet, in Übereinstimmung zu sein mit Gott, nicht mehr über Gott und Menschen zu murren, nicht mehr etwas zu verfehlen, in nichts ohne Willen hineinzugeraten, der sich bemüht, nicht zornig oder neidisch oder eifersüchtig zu sein, der danach strebt, aus einem Menschen ein Gott zu werden, der nach Gemeinschaft mit Gott trachtet. Zeigt mir einen solchen. Habt ihr etwa keinen? Warum spielt ihr mit euch Verstecken und mit den andern Würfel? Warum hängt ihr euch ein fremdes Gewand um und geht umher wie Spitzbuben und Kleiderdiebe in Namen und Taten, die euch nicht gehören?

24. Was ist gut?

III, 3.

Gegenstand der Behandlung für einen gebildeten Menschen sind seine höchsten Seelenkräfte, wie der Leib für den Arzt oder den Trainer; das Feld ist Gegenstand der Behandlung für den Landmann, Sache eines gebildeten Menschen ist es, seine Vorstellungen naturgemäß zu gestalten. Jede Seele aber ist von Natur aus so veranlagt, daß sie der Wahrheit beistimmt, die Lüge verabscheut, dem Zweifelhaften gegenüber schweigt, das Gute erstrebt, das Böse meidet, demgegenüber, was weder gut noch böse ist, gleichgültig bleibt. Ebenso wie ein Wechsler oder Gemüsehändler eine Münze des Kaisers nicht lange prüfen kann, sondern, wenn man sie ihm hinlegt, dafür Ware geben muß, ob er will oder nicht will, ebenso verhält es sich auch mit der Seele. Niemals wird die Seele ein wahrhaft Gutes erst abschätzen, ebensowenig wie eine Münze.

Deshalb wird das Gute jeder Verwandtschaft vorgezogen: sogar der Vater geht mich nichts an, sondern nur das Gute. So hart bist du? Ja, so bin ich von Natur aus, diese Münze hat mir Gott gegeben. Denn, wenn gut etwas anderes ist als anständig und recht, dann fällt auch Vater, Bruder, Vaterland, überhaupt alles fort. Ich sollte über mein Gut hinwegsehen, damit du es hättest, und sollte es dir überlassen; wofür denn? Ich bin dein Vater! Aber du bist nicht das Gute. Ich bin dein Bruder! Aber nicht das Gute. In Wahrheit ist es aber auch ein Gut, den Pflichten der Lebensstellung nachzukommen, und wer auf gewisse äußere Dinge verzichtet, erlangt das Gute. – Der Vater kann dir dein Vermögen nehmen. – Aber er kann mir nicht schaden. – Dein Bruder wird dann mehr haben! – Mag er, soviel er will; wird er dann aber auch mehr Zartgefühl, Treue und Bruderliebe haben? Aus diesem Besitz kann mich niemand vertreiben, nicht einmal Zeus selber! Auch würde er es gar nicht wollen, sondern er hat das in meine Hand gelegt und hat mir verliehen, was er selbst besitzt: Freiheit.

Wenn nun einem andern etwas anderes als Münze gilt und es zeigt ihm das jemand vor, so gibt er dafür, was man von ihm haben will. Ein geldgieriger Prokonsul kommt in seine Provinz; welche Münze gilt bei ihm? Das Geld. Gib ihm Geld, und du bekommst, was du willst. Welche Münze gilt bei einem Wollüstigen? Ein junges Mädchen. Sage ihm: Nimm diese Münze, und er verkauft dir jedes Ding dafür. Ein anderer liebt die Jagd: gib ihm Pferde und Hunde, und unter Klagen und Stöhnen wird er dir dafür geben, was du willst; denn es zwingt ihn jemand in seinem Innern, der diese Münze festgesetzt hat.

Nach dieser Richtung hin muß man sich am meisten üben: Sofort, wenn du morgens ausgehst und du siehst oder hörst etwas, dann prüfe, und antworte wie auf eine Frage. Was hast du gesehen? Ein schönes Mädchen? Wende den Grundsatz an: Im freien Willen oder nicht? Nicht im freien Willen. Dann weg damit! Was hast du gesehen? Einen, der über den Tod seines Kindes trauert. Nimm die Regel her: Der Tod steht nicht in unserer Macht. Weg mit der Trauer! Es ist dir ein Konsul begegnet, die Regel her: Ist das Konsulat unser oder nicht? Nicht in unserer Gewalt; also laß auch das, es geht dich nichts an.

Wenn wir das täten und uns daraufhin übten jeden Tag von früh bis abends, dann käme, bei Gott, etwas heraus. So aber lassen wir uns in unserer Trägheit von jeder Vorstellung fortreißen, und höchstens in der Schule nehmen wir uns ein wenig zusammen. Sind wir dann aber draußen und sehen einen klagen, so sagen wir: er ist übel dran; bei einem Konsul: der Glückliche! Bei einem Verbannten: der Unglückliche! Bei einem Armen: der Ärmste hat nichts zu essen! Solche unrichtige Ansichten muß man ausrotten. Was ist denn Weinen und Wehklagen? Die Folgen eines Grundsatzes; und Unglück? Ebenfalls. Was ist Aufstand, Widerstreit, Tadel, Vorwurf, Gottlosigkeit, Leichtfertigkeit? Das sind alles Folgerungen von Grundsätzen und nichts anderes, und zwar Grundsätze über uns fremde Dinge, als wären diese gut oder böse. Das sollte man lieber bei Dingen tun, die in unserer Gewalt stehen, und ich gebe dir meine Hand darauf, du wirst unerschütterlich sein, wie es auch immer um dich bestellt sein mag.

25. Die Seele ist wie ein Wasserbecken

III, 3.

Wie ein Wasserbecken ist die Seele; wie ein Strahl, der aufs Wasser fällt, sind die Vorstellungen. Sobald das Wasser bewegt wird, glaubt man, daß auch der Strahl sich bewege, und doch ist das nicht der Fall. Und wenn jemandem schwindelig wird, so verwirren sich doch nicht seine Fähigkeiten und Tugenden, sondern der Geist, in dem sie sind. Ist er ruhig, so sind es auch jene.

26. Einsamkeit

III, 13.

Wenn das Alleinsein auch schon Verlassenheit wäre, dann müßte auch Zeus bei der Weltverbrennung verlassen sein und sich selbst beklagen: O, ich Unglücklicher, ich habe keine Hera mehr, keine Athene, keinen Apollon, keinen Bruder, keinen Sohn, keinen Nachkommen, keinen Verwandten! Es behaupten auch einige, daß er dies bei der Weltverbrennung sagen wird. Sie können sich nicht denken, daß jemand dauernd allein sein kann, indem sie es natürlich finden, daß der Mensch von Natur aus gesellig sei, sich an den andern gern anschließe, sich gern unter Menschen bewege.

Aber man muß ebenso danach streben, sich selbst genug zu sein, sich nur mit sich beschäftigen zu können. So wie Zeus nur bei sich ist, in sich selbst ruht und nur bei sich überlegt, wie er die Welt regieren solle, und sich nur in Gedanken bewegt, die ihm gemäß sind, so sollen auch wir mit uns allein sprechen können, andere entbehren können und doch Unterhaltung haben. Wir können über die Vorsehung nachsinnen, über unsere Beziehungen zu allem übrigen; wir können vergleichen, wie wir uns früher zu dem verhielten, was uns begegnete, und wie jetzt; nachdenken über das, was uns jetzt noch drückt, wie man das noch verbessern, wie man es ganz beseitigen könnte, ob etwas noch an der Vollendung fehlt.
Ihr seht, daß der Kaiser uns einen Weltfrieden geben will, daß es keine Kriege, keine Schlachten, keine Räubereien, keinen Seeraub mehr geben soll; jeder soll in Frieden reisen können, zu jeder Stunde, zu Wasser oder zu Lande, von Sonnenaufgang bis Sonnenuntergang. Kann er uns aber auch Sicherheit vor dem Fieber schaffen, kann er uns vor Schiffbruch bewahren, vor einer Feuersbrunst oder einem Erdbeben oder vor einem Blitzstrahl? Kann er Liebe, Trauer, Neid von uns fernhalten? Er kann es nicht, überhaupt nichts dergleichen. Die Lehre der Philosophen verspricht uns auch davon Ruhe. Und was sagt sie? „Menschen, wo ihr auch immer sein und was ihr auch tun mögt, wenn ihr auf mich höret, werdet ihr nicht in Trauer, in Zorn, in keine Zwangslage, an kein Hindernis kommen; ungestört und frei von allem werdet ihr euer Leben zubringen!" Wenn jemand diesen Frieden hat, den kein Kaiser verkünden kann – woher sollte er auch die Macht dazu haben? –, den Gott selbst durch die Vernunft verkündet hat, der sollte sich nicht genug sein, auch wenn er allein ist? Wenn er sieht und bedenkt: Jetzt

kann mir nichts Übles begegnen, für mich gibt es keinen Räuber, kein Erdbeben, alles ist voller Frieden, in schönster Ruhe; kein Weg, keine Stadt, kein Mitmensch, Nachbar, kein Gefährte kann mir Schaden bringen. Ein Gott, dem daran liegt, gibt mir Nahrung, ein anderer Kleidung, ein dritter Wahrnehmungen und Vorstellungen. Wenn er mir aber nicht mehr das zum Leben Notwendige gibt, dann gibt er mir damit das Zeichen zum Rückzuge, dann hat er die Tür geöffnet und sagt zu mir: Komm! Wohin? An keinen schrecklichen Ort, sondern dahin, woher du gekommen bist, zu deinen Freunden und Verwandten, zu deinen Bestandteilen. Was in dir Feuer gewesen, kommt zum Feuer, was Erde war, kehrt zur Erde zurück, Luftförmiges geht in die Luft über, und was Wasser war, fließt ins Wasser. Es gibt keinen Hades, keinen Acheron, keinen Kokytos oder Pyriphlegeton, sondern alles ist voll von Göttern und Dämonen.

Wer solche Gedanken hat und die Sonne und den Mond und die Sterne betrachtet, sich an Erde und Meer erfreut, der ist ebensowenig verlassen wie hilflos.

27. Verlassenheit

III, 13.

Wo gibt es denn Verlassenheit und Hilflosigkeit? Seien wir doch nicht hilfloser als kleine Kinder. Was tun sie, wenn sie allein gelassen werden? Sie raffen Ziegelstückchen und Sand zusammen und bauen irgend etwas auf, nachher reißen sie es wieder ein und bauen etwas anderes auf, und so haben sie immer Unterhaltung. Ich soll wohl auch, wenn ihr fortsegelt, hier sitzen und klagen, daß ich allein und verlassen sei! Habe ich keine Ziegelstücke und keinen Sand?

28. Versteche dich nicht vor dir selbst!

III, 14.

So wie schlechte Theatersänger nicht allein singen können, sondern nur mit vielen zusammen, so können manche nicht allein sein. Mensch, wenn du einer sein willst, geh auch allein und sprich mit dir und tauche nicht in der Menge unter! Denke nach, schau um dich, geh in dich, damit du erkennst, wer du bist.

29. Die wichtigsten Fehler

III, 14.

Zwei Fehler muß man überwinden: erstens die Einbildung, als ob einem nichts zum Glück fehle, zweitens den Kleinmut, als ob man in einer solchen Welt nicht glücklich werden könne.

30. Umgang mit andern

III, 16.

Wer sich mit andern viel abgibt, sei es im Gespräch oder in Gelagen oder sonstwie, der muß entweder selbst jenen ähnlich zu werden oder jene zu seiner Anschauung zu bekehren wünschen. Denn legt man z. B. ein Stück Kohle zu einem brennenden, dann wird entweder dieses jenes Stück anzünden, oder jenes wird dieses auslöschen. Da nun die Gefahr so groß ist, so muß man sich vorsehen, mit Ungebildeten näheren Umgang zu pflegen, eingedenk dessen, daß man unmöglich mit einem Kaminkehrer zusammenkommen kann, ohne sich selbst schwarz zu machen. Denn was willst du machen, wenn über Fechtspiele, Pferde, über Athleten oder, was noch übler ist, über Menschen geredet wird: dieser da ist ein schlechter

Mensch, der da ein guter, das war gut gemacht, das schlecht! Weiter, wenn man sich über einen lustig macht, einen auslacht oder verleumdet, was willst du machen? Ist einer von euch so gewandt wie ein Lautenspieler, der, wenn er eine Laute zur Hand nimmt und in die Saiten greift, sofort merkt, ob sie verstimmt ist, und das Instrument stimmen kann? Eine Fähigkeit wie die des Sokrates, der alle, die mit ihm umgingen, auf sich stimmte? Woher solltet ihr sie auch haben? Vielmehr müßt ihr euch von jenen Ungebildeten leiten lassen.

Warum aber sind jene euch über? Weil jene ihre Erbärmlichkeit mit Überzeugung vertreten, ihr aber sprecht eure schönen Reden nur mit den Lippen. Deshalb seid ihr kraftlos und tot, und es widert die Leute an, eure schönen Ermahnungen anzuhören. Und die arme Tugend, die ihr immer nur im Munde führt! So sind euch die Ungebildeten überlegen, denn Überzeugung dringt überall durch, Überzeugung ist unüberwindlich. Bis die schönen Gedanken in euch fest gegründet sind und ihr euch sicher fühlt, rate ich euch, daß ihr nur mit Vorsicht unter die Ungebildeten geht; denn sonst würde täglich wie Wachs in der Sonne schmelzen, was ihr euch im Unterrichte eingeprägt habt. Verkriecht euch also irgendwo weit weg von der Sonne, solange eure Ansichten weich wie Wachs sind. Deshalb raten auch die Philosophen, die Vaterstadt zu verlassen, weil die alten Gewohnheiten uns umgarnt halten und uns nicht verstatten, ein neues Leben zu beginnen, und weil wir es nicht ertragen, daß jeder Begegnende sagt: da ist ja unser Philosoph, er macht das und das. Ebenso schicken auch die Ärzte diejenigen, die eine chronische Krankheit haben, in ein anderes Land, in andere Luft, und sie tun recht daran. So müßt auch ihr andere Gewohnheiten annehmen, eure Ansichten befestigen, euch in denselben üben. Aber nein, ihr geht von hier ins Theater, zu Kampfspielen, in die Ringschule, in den Zirkus und dann von dort hierher, und wieder von hier dorthin, und bleibt dabei immer dieselben. Das ist keine schöne Gewohnheit, es ist keine Aufmerksamkeit, keine Einkehr, kein Betrachten: wie verhalte ich mich zu den Eindrücken, naturgemäß oder nicht? Wie suche ich ihnen zu begegnen, wie soll es sein oder wie nicht? Sage ich zu dem, was nicht von meinem Willen abhängt: was habe ich mit dir zu tun? Wenn ihr noch nicht so weit seid, dann flieht vor euren früheren Gewohnheiten, vor den Ungebildeten, wenn ihr anfangen wollt, etwas zu sein.

31. Philosophisches Lehren

III, 21.

Manche haben die philosophischen Lehrsätze in sich aufgenommen und wollen sie sogleich wieder von sich geben, wie Magenkranke die Speisen. Verdaue sie zuerst, dann brauchst du dich nicht zu übergeben, so aber werden sie dir in der Tat nur zu einem Brechmittel oder eine unreine und unverdauliche Sache. Ob du sie verdaut hast, das muß eine Veränderung an deinem Wesen erkennen lassen, so wie Athleten an ihren Armen zeigen, daß sie sich geübt und tüchtig gegessen haben, so wie ein Künstler zeigen muß, was er gelernt hat. Der Baumeister geht nicht her und sagt: Hört auf mich, wenn ich über das Bauen rede, sondern er geht an den Bau eines Hauses, führt ihn aus und zeigt dadurch, daß er seine Sache versteht. Ebenso auch du: iß und trink wie ein Mensch, betrage dich wie ein Mensch, heirate, zeuge Kinder, mache dich im Staate nützlich, ertrage Beleidigungen, einen unverständigen Bruder, vertrage dich mit deinem

Vater, deinem Sohne, Nachbarn, Gefährten. Das sollst du uns zeigen, damit wir sehen, daß du in der Tat etwas von Philosophie verstehst! Aber nein, da kommt einer und sagt: „Kommt her und hört auf mich, ich will euch die Schriften auslegen." Geh und suche dir jemanden, bei dem du dich ausleeren kannst! „Aber ich will euch wie niemand sonst die Schriften des Chrysipp auslegen, seinen Gedankengang klarlegen und euch auch den Antipater und Archedemos zitieren."

Da sollen junge Männer ihr Vaterland und ihre Eltern dafür verlassen, daß sie zu dir gehen und dein Geschwätz, Auslegung genannt, hören. Sollen sie nicht Männer werden, die ertragen, die mitarbeiten können, die ohne Leidenschaft, ohne Unruhe sind, die eine Speise für das Leben mitnehmen, die sie befähigt, alle Ereignisse des Lebens leicht zu ertragen und strahlend aus ihnen hervorzugehen? Woher nimmst du denn das, was du andern mitteilen willst und selber nicht hast? Hast du etwa selbst von Anfang an nichts anderes getan, als Trugschlüsse aufzulösen, Einwürfe zu widerlegen, das, worauf du hinaus willst, durch Fragen zu erschließen?

Ja, den dort läßt du in Ruhe, warum soll ich es nicht tun? Sklave du, man darf das nicht tun, wenn es einem gerade einfällt, sondern man muß dazu das nötige Alter haben, Lebenserfahrung, und Gott als Führer. Fährt doch keiner aus dem Hafen heraus, der nicht den Göttern geopfert und sie um ihre Hilfe angefleht hätte, auch säen die Leute nicht, ohne die Demeter anzurufen; wer aber ein so großes Werk beginnt, der sollte es getrost ohne die Hilfe der Götter tun können, und seine Zuhörer sollten ihn mit Gewinn hören? Unter Opfern und Gebeten, in Reinheit und innerer Sammlung gehet zu der heiligen Handlung, in das ehrwürdige Heiligtum! So werden die Mysterien wirksam, so werden wir uns bewußt, daß sie von den Alten dazu eingesetzt sind, uns im Leben zu bilden und fördern. Du aber schwätzt sie her und verdrehst sie, am unrechten Ort und zu unrechter Zeit. Du hast kein Kleid an, wie der Priester es tragen soll, nicht die Stimme und die Würde, bist nicht rein wie jener, du hast nur seine Worte aufgeschnappt und sagst dann: diese Worte sind an sich schon heilig.

Auf eine ganz andere Weise muß man an diese Dinge herantreten. Es ist etwas Großes, Geheimnisvolles, nichts Zufälliges und nicht jedem gegeben. Es genügt nicht einmal, ein Weiser zu sein, um junge Leute zu leiten, sondern es bedarf dazu einer gewissen Veranlagung und Brauchbarkeit, ja bei Gott, sogar einer gewissen leiblichen Beschaffenheit; und vor allem muß es Gottes Wille sein, daß du diese Stelle einnimmst, wie es bei Sokrates Gottes Wille war, daß er das Falsche widerlegte, bei Diogenes, daß er wie ein König demütigte, bei Zeno, daß er lehrte und unterrichtete. Du eröffnest ein Krankenhaus und hast wohl die Arzneien, weißt aber nicht, kümmerst dich auch nicht darum, wo und wie sie angewendet werden müssen. Sieh, jener hat die Augensalbe, die ich auch habe. Hast du aber auch die Fähigkeit, sie anzuwenden? Weißt du, wann und wie und wem sie nützt? Warum spielst du mit so wichtigen Dingen, warum behandelst du sie leichtfertig, warum beschäftigst du dich mit Dingen, die du nicht verstehst? Überlaß das denen, die es verstehen, die sich dazu vorbereitet haben. Bringe nicht noch die Philosophie in Schande, sei keiner von denen, die diese Sache in üblen Ruf bringen. Wenn es dich zur Wissenschaft hinzieht, dann setze dich hin und denke bei dir darüber nach, aber nenne dich nicht einen Philosophen und dulde nicht, daß andere dich so nennen, sondern sprich: Es ist ein Irrtum: ich will nichts anderes, als was ich früher wollte, ich strebe nach nichts anderem, als mit anderen in Einklang zu kommen, auch in meinen Gedanken widerspricht nichts meinem früheren Zustande. So denk und sprich von dir, wenn du vernünftig sein willst. Im andern Fall würfle und tu, was du eben tust; das paßt dann zu dir.

32. Der Kynismus

III, 22.

Als ihn einer von seinen Bekannten, der dem Kynismus zuneigte, fragte, wer wohl ein rechter Kyniker wäre und worum es sich dabei eigentlich handele, antwortete Epiktet: Wir wollen das einmal in Ruhe untersuchen. Soviel aber kann ich dir gleich sagen: wer ohne Gott etwas so Großes anfängt, der ist von Gott verlassen und beabsichtigt nichts anderes, als offen zu freveln. In einem anständigen Hause darf doch auch niemand kommen und sagen: ich will Verwalter hier sein. Denn sonst würde der Hausherr, wenn er ihn so unverschämt sich benehmen sähe, ihn fortschleppen und auspeitschen lassen. Ebenso geschieht es auch in unserer großen Stadt. Auch hier gibt es einen Hausherrn, der alles anordnet: Du bist die Sonne, du kannst durch deinen Lauf Jahr und Stunden hervorbringen, kannst Früchte wachsen lassen und sie nähren, du läßt die Winde wehen und sich wieder legen, du gibst den Körpern der Menschen eine angemessene Wärme: wohlan, beschreibe deinen Lauf und vollbringe so alles vom größten bis zum geringsten. Du bist ein kleines Kalb: wenn du einen Löwen siehst, so tu, was du zu tun hast. Du bist ein Stier: tritt hervor zum Kampfe, denn das ist deine Sache, das gehört sich für dich, das kannst du auch vollbringen. Du kannst ein Heer nach Troja führen: sei ein Agamemnon! Du kannst es mit Hektor im Zweikampfe aufnehmen: sei ein Achilles. Wenn aber ein Thersites kommen und die Herrschaft an sich reißen wollte, entweder würde es ihm nicht gelingen oder, wenn es ihm glückte, so würde er sich lächerlich machen.

So auch du: überlege dir die Sache genau, sie ist nicht so einfach, wie es scheint. Du denkst: „Ich trage jetzt einen alten Mantel, den werde ich weiter tragen; ich liege jetzt und später auf hartem Lager, ich will mir einen Bettelsack und Bettelstab nehmen, will von Haus zu Haus gehen, will alle Vorübergehenden ansprechen und sie belästigen; und wenn ich einen sehe, der sich glatt rasiert, sein Haar schön legt oder in Purpurkleidern einhergeht, so will ich ihm das vorhalten." Wenn du dir die Sache in dieser Art vorstellst – Hand weg davon, fange gar nicht erst an, es ist nichts für dich. Wenn du dir aber die Sache so vorstellst, wie sie wirklich ist, und du hältst dich für geeignet, dann betrachte auch, an was für ein Werk du dich heranmachst.

Erstens darfst du in allem, was du tust, nicht nach dir gehen, darfst dir nicht mehr ähnlich sein, darfst dich weder bei Gott noch einem Menschen beschweren, jedes Streben mußt du aufgeben, nur das meiden wollen, was in deinem Willen liegt, du darfst weder Zorn noch Groll, weder Neid noch Mitleid Raum geben; ein junges Mädchen, eine Ehrung, ein Kuchen darf dir nicht erstrebenswert erscheinen. Dann mußt du wissen: andere Menschen errichten Mauern um sich, verstecken sich in ihre Häuser und ins Dunkle und haben viel Heimlichkeiten. Sie schließen die Tür ab und stellen jemanden vor das Schlafzimmer und geben den Befehl: wenn jemand kommt, so sage, daß ich nicht zu Hause bin, daß ich nicht Zeit habe! Statt aller dieser Auswege darf der Kyniker sich nur in sein Schamgefühl hüllen, sonst würde er sich nackt und bloß zum Gespött machen. Sie ist sein Haus, seine Tür, sein Torwächter, sein Schutz. Auch darf er nicht irgend etwas verbergen wollen, sonst kann er gehen, ist er verloren, er, der Kyniker, der nur den freien Himmel über sich hat: er hat begonnen, etwas Äußerliches zu fürchten, ein Versteck zu brauchen; doch kann er auch dann nichts verbergen, wenn er es will. Denn wo oder wie will er sich verbergen? Wenn nun zufällig der Lehrer und Erzieher aller hereinfällt, was muß er da ertragen! Ist es ihm aus Furcht davor noch möglich, sicher aufzutreten, unter andere Leute zu gehen? Ganz unmöglich. Vor allem also muß deine Vernunft, das Herrschende in dir, rein und lauter sein, das ist der Anfang. Meine Vernunft ist für mich jetzt das, was das Holz für den Baumeister und das Leder für den Schuhmacher. Was ich zu tun habe, ist die rechte Verwertung meiner Sinneseindrücke; das Leibliche geht mich nichts an, auch seine Teile nicht. Der Tod? Er soll kommen, wenn er will, ganz oder halb. Verbannung? Kann mich jemand aus dieser Welt hinauswerfen? Es geht nicht. Wohin ich auch immer gehe, da ist die Sonne, der Mond, da gibt es Sterne, und überall kann ich mit den Göttern verkehren.

Hat sich nun der wahre Kyniker so vorbereitet, so darf er dabei nicht stille stehn, sondern er muß wissen, daß er als Gesandter Gottes zu den Menschen kommt, sie über Gut und Böse zu belehren, daß sie im Irrtum sind und das Wesen des Guten und Bösen dort suchen, wo es nicht ist, und nicht daran denken, wo es wirklich ist; er muß wissen, daß er ein Kundschafter ist wie Diogenes, der nach der Schlacht bei Chaironeia vor Philipp geführt wurde. Denn der Kyniker ist in der Tat ein Kundschafter der Dinge, die für den Menschen freundlich und feindlich sind. Und wenn er alles sorgfältig ausgekundschaftet hat, dann kommt er und meldet die Wahrheit, nicht furchtsam und verwirrt, daß er etwa als Feinde bezeichnete, die es nicht sind, und er läßt sich von seinen Eindrücken nicht beunruhigen oder verwirren.

Er muß also seine Stimme erheben können, wenn es sein muß, auf den Schauplatz treten und rufen wie Sokrates: Ihr Leute, wohin? Was wollt ihr tun, ihr Unseligen? Wie Blinde tappt ihr hin und her, ihr geht einen verkehrten Weg, vom rechten seid ihr abgewichen, ihr sucht Ruhe und Glück, wo es nicht ist, und glaubt nicht, wenn man's euch zeigt. Warum sucht ihr es im Äußerlichen? Im Körper ist es nicht; seht euch den Myron, den Ophellios an. Sucht ihr's im Besitz? Da ist es auch nicht, aber ihr glaubt es nicht. Denkt an Kroisos, seht auf die Reichen, die ihr Leben in Kümmernissen verbringen. Sucht ihr es in der Macht? Da ist es auch nicht; denn sonst müßten die, welche zwei- oder dreimal Konsul gewesen sind, glücklich sein, sie sind es aber nicht. Wem soll man nun glauben? Euch, die ihr nur das Äußere seht und euch blenden laßt, oder jenen, die ich nannte? Was sagen sie? Hört doch, wie sie klagen und seufzen, wie sie sich gerade wegen ihrer hohen Ämter, ihres Ruhmes und Glanzes elend und unsicher fühlen. Sucht ihr Glück beim König? Dort ist es auch nicht, denn sonst wären auch Nero und Sardanapal glücklich gewesen; sogar Agamemnon war nicht glücklich und war doch besser als Sardanapal und Nero. Die andern schlafen, was tut er? „Büschel von Haaren riß er vom Haupte mitsamt der Wurzel." Und was sagte er? „So muß ich umherirren", sagt er, und: „– vor Qual will mein Herz heraus aus der Brust mir springen!“ Du Armer, welche deiner Angelegenheiten steht denn so schlecht? Dein Hab und Gut? Nein. Dein Leib? Nein. Aber du hast viel Gold und Erz. Worin besteht also für dich das Unheil? Darin, daß einmal bei dir vernachlässigt und verdorben worden ist, womit wir wünschen und verabscheuen, streben und entsagen. Wieso ist es vernachlässigt? Er kennt nicht das Wesen des Guten, wozu es da ist, und des Bösen, weiß nicht, was ihm eigen oder fremd ist. Und wenn eines der fremden Dinge schlecht steht, dann ruft er: „Weh mir, die Griechen sind in Gefahr.“ Arme Vernunft, nur sie ist vernachlässigt und müßte gepflegt werden! „Von den Troern überwältigt, werden sie dahinsinken.“ Wenn aber die Troer sie nicht töteten, würden sie da überhaupt nicht sterben? „Doch, aber nicht alle auf einmal.“ Was ist also der Unterschied? Denn wenn es etwas Schlimmes ist, zu sterben, dann ist es gleich schlimm, in Massen oder einzeln zu sterben. Kann denn mehr geschehen, als daß Leib und Seele sich trennen? Ist dir denn die Pforte dazu verschlossen, nachdem die Griechen dahin sind? Steht es dir denn nicht frei, auch zu sterben? „Das steht mir frei.“ Warum klagst du also?

„Aber die Frau meines Bruders hat sich entführen lassen.“ Ist es denn nicht ein großer Gewinn, von einer ehebrecherischen Frau loszukommen? Sollen wir uns also von den Troern auslachen lassen? Was waren sie für Menschen: verständige oder unverständige? Waren sie vernünftige Leute, warum führt ihr mit ihnen Krieg? Waren sie es nicht, was gehen sie euch dann an?

„Worin besteht also das Gut, da es nicht in solchen Dingen liegt? Sag es uns, Herr, Botschafter und Seher!“

Da, wo ihr es nicht vermutet und es nicht suchen wollt,

denn wenn ihr wolltet, würdet ihr es finden, da es in euch ist; ihr würdet nicht draußen umherirren und würdet nicht fremde Dinge suchen, als gehörten sie zu eurem Eigenen.

Kehrt zurück zu euch selbst, lernt die Dinge in ihrer wahren Gestalt kennen! Wie muß das Gute nach eurer Vorstellung beschaffen sein? Es muß Wohlbefinden, Glück und Freiheit verleihen. Nun also, stellt ihr es euch nicht selbstverständlich auch groß und erhaben vor? Wo ist Wohlbefinden und Glück zu suchen? In der Knechtschaft oder in der Freiheit? Doch in der Freiheit! Habt ihr einen frei schaltenden oder sklavisch dienenden Leib? Das wißt ihr nicht? Ihr wißt nicht, daß er dem Fieber unterworfen ist, der Gicht, Augenleiden, der Ruhr, daß er Tyrannen, Feuer und Schwert, überhaupt allem, was stärker ist, unterliegen kann? Ja, ein Sklave ist er. Wie kann etwas Körperliches noch frei von Hindernissen sein? Wie kann etwas von Natur aus Totes, ein Stück Erde, ein Klumpen Lehm etwas Großes und Erhabenes sein? Aber habt ihr denn gar nichts Unumschränktes? Wir fürchten: gar nichts.

So? wer kann euch denn zum Beispiel zwingen, einer offenbaren Lüge beizustimmen?

Niemand.

Und wer kann euch zwingen, dem eure Zustimmung zu versagen, was euch als wahr erscheint?

Niemand.

Da seht ihr also, daß etwas in euch ist, das frei ist von Natur aus. Wer von euch kann begehren und verabscheuen, erstreben und meiden, etwas beabsichtigen oder sich etwas vorstellen, ohne daß er eine Vorstellung hat, ob es nützlich und richtig ist?

Niemand.

Also auch darin habt ihr etwas, das ohne Hindernis und völlig frei ist. Ihr Armen, daran arbeitet, darum sorgt, darin sucht das Gute!

Doch wie ist es möglich, ohne Hab und Gut, ohne Kleider, ohne Haus und Herd, im Straßenstaube, ohne Diener und ohne Heimat sich wohl zu fühlen? Seht, Gott hat einen zu euch gesandt, euch durch sein Beispiel zu zeigen, daß es möglich ist. Seht mich an, ich habe kein Haus, keine Heimat, besitze nichts, habe keinen, der mir dient; ich schlafe auf bloßer Erde, habe weder Frau noch Kinder, nicht einmal ein Zelt, sondern nur die Erde und den Himmel und einen alten Mantel. Und was fehlt mir? Ich kenne weder Trauer noch Furcht, ich bin ganz frei. Hat jemals einer von euch gesehen, daß ich etwas gewünscht und nicht erreicht hätte? daß ich etwas hätte meiden wollen und wäre doch hineingeraten? daß ich mich über Gott und Menschen beklagt hätte? Habe ich je auf einen geschimpft? hat einer von euch mich mürrisch gesehen? wie trete ich denen gegenüber, die ihr fürchtet und bewundert? Behandle ich sie nicht wie Sklaven? Glaubt nicht jeder, wenn er mich ansieht, seinen König und Herrn zu sehen?

Seht, das ist die Sprache des Kynikers, das sein Charakter, sein Ziel. Aber nicht der Bettelsack, der Stab und das große Maul, nicht, wenn er alles aufißt oder einsackt, was man ihm gibt, oder Vorübergehende, wenn's ihm gerade einfällt, beschimpft oder ihnen auch eine schöne Schulter zeigt. Wie gehst du an ein so großes Werk heran? Nimm dir zuerst einen Spiegel, sieh dir deine Arme, deine Hüften, deine Schenkel an. Du willst dich in Olympia einschreiben lassen, mein Lieber, nicht für irgendeinen armseligen Wettkampf. Du kannst nicht in Olympia besiegt werden und einfach fortgehen; sondern

du wirst vor den Augen der ganzen Welt gedemütigt, nicht nur in Athen, Sparta oder Nikopolis; du mußt dich schlagen lassen, wenn du einfach fortläufst, und vorher mußt du Durst und Hitze leiden und viel Staub schlucken.
Geh sorgfältig mit dir zu Rate; suche dich selbst kennenzulernen, frage dein Gewissen, fange nicht ohne Gott an. Denn wenn er dir dazu rät, dann wisse, daß er will, du sollst etwas Großes werden und viele Schläge einstecken; denn das ist prächtig miteinander verwoben: ein Kyniker sein heißt Schläge erhalten wie ein Esel, und der Geprügelte soll seine Peiniger wie Vater und Bruder lieben. Aber nein, wenn dir jemand etwas tut, stell dich nur öffentlich hin und schreie: „Kaiser, was muß ich erdulden unter deiner Friedensregierung! Gehen wir zum Prokonsul!" Was ist aber einem Kyniker ein Kaiser oder Prokonsul oder sonst jemand außer dem, der ihn gesandt hat, und dem er dient, der Höchste? Einen andern als ihn ruft er nicht an. Er ist überzeugt, daß alles, was er leidet, ein Mittel Gottes ist, ihn zu stählen. Sogar Herakles, als er von Euristhenes geprüft wurde, hielt sich nicht für unglücklich, sondern vollbrachte ohne Zögern alles, was ihm aufgetragen wurde. Und der hier, der von Gott zum Kampf gerufen und erprobt wird, will ächzen und sich beklagen? Ist er wert, das Szepter des Diogenes zu führen?
Höre, was jener im Fieber zu seinen Besuchern sagte: „Ihr Schwachköpfe, warum bleibt ihr nicht bei mir? Ja, um das Unterliegen oder den Kampf der Wettkämpfer anzusehen, da geht ihr den weiten Weg bis nach Olympia; den Kampf eines Menschen mit dem Fieber wollt ihr nicht sehen."
Aber, was sagt er über Armut, Tod, Arbeit? Wie betrach-

tet er sein Ergehen im Verhältnis zu dem eines Großkönigs?
Er meinte sogar, das sei mit dem seinigen gar nicht zu vergleichen. Denn wo Unruhe, Trauer, Furcht, unerreichtes Begehren, erfolgloses Vermeiden, Neid und Mißgunst sind, wo kann da das Glück einziehen?
Der junge Mann aber fragte: „Wenn man aber krank ist, und ein Freund verlangt, daß man zu ihm kommen und sich pflegen lassen soll, soll man da auf ihn hören?" Er antwortete: „Wo willst du einen Freund für den Kyniker hernehmen? Denn auch der andere muß einer sein, wenn er mein Freund sein will. Er muß teilhaben an dem Szepter eines Königs, wenn er meiner Freundschaft würdig sein soll, so wie Diogenes ein Freund des Antisthenes und Krates ein Freund des Diogenes war. Oder meinst du etwa, wenn du zu einem gehst und „guten Tag" zu ihm sagst, dann bist du sogleich sein Freund, und er soll dich gleich für würdig halten, bei ihm ein- und auszugehen?
Aber heiraten und Kinder zeugen darf doch ein richtiger Kyniker nicht?
Wenn du mir einen Staat von lauter Weisen schaffst, dann würde wohl nicht leicht jemand dazu kommen, ein Kyniker zu werden, denn um wessentwillen sollte er ein solches Leben führen? Aber nehmen wir trotzdem den Fall an, dann wird nichts ihn hindern, daß auch er heiratet und Kinder zeugt; denn auch seine Frau wird ein Kyniker sein, und ebenso sein Schwiegervater, und so werden auch seine Kinder erzogen. Wenn es aber so ist wie jetzt, wo es zugeht wie im Kriege, muß da nicht der Kyniker frei von jeder anderen Pflicht sein, völlig im Dienste Gottes aufgehen? Er muß unter die Menschen gehen können, nicht an häusliche Pflichten gebunden, nicht in Verhältnisse verflochten, bei deren Vernachlässi-

gung er den Ruf eines rechtschaffenen Menschen verliert, bei deren Beachtung er aber kein Gottgesandter, kein Seher und Herold Gottes mehr sein kann; denn sieh, er muß dem Schwiegervater etwas geben, hat Verpflichtungen gegenüber den Verwandten seiner Frau, vor allem gegenüber ihr selbst; er muß sich in Krankenstuben einschließen lassen, er muß auf Erwerb sehen. Um von allem andern zu schweigen: er muß einen Kessel haben, wo er Wasser für sein Kind warm machen kann, um es in der Wanne zu baden; wenn seine Frau im Wochenbett liegt, muß er Wolle, Öl, Kissen, zu trinken beischaffen – so kommt immer mehr Zeug ins Haus –, muß noch manche andere Beschäftigung und Zerstreuung auf sich nehmen. Wo bleibt da jener König, der nur besorgt ist um das Wohl des Ganzen? Dem die Völker anvertraut sind und der für so vieles sorgen, der die andern beaufsichtigen muß, die geheiratet und Kinder gezeugt haben, ob sie ihre Frauen gut behandeln, wer sich gut beträgt, wer Unfrieden stiftet, wer sein Hauswesen in gutem Zustande hält und wer nicht; er muß wie ein Arzt herumgehen und den Puls fühlen: du hast Fieber, du hast Kopfschmerzen, du hast die Gicht, du mußt fasten, du essen, du ein Bad nehmen, dich muß man schneiden, dich brennen. Wo hat der dazu die Zeit, der an private Interessen gebunden ist? Muß er nicht seinen Kindern Kleider beschaffen? Wenn sie in die Schule gehen, müssen sie Tafel und Griffel haben, er muß ihnen ihr Bett machen; denn wenn sie aus dem Mutterleibe kommen, sind sie keine Kyniker. Will er das nicht tun, dann wäre es gleich besser, sie gleich nach der Geburt auszusetzen und sie zugrunde gehen zu lassen. Sieh, wo wir den Kyniker hinführen, wie wir ihm seine königliche Würde nehmen.

Ja, aber Krates hat doch geheiratet.
Du nennst mir ein Beispiel, wo die Liebe mitgespielt hat, und eine Frau, die ein zweiter Krates war. Wir aber sprechen von den gewöhnlichen Ehen und betrachten die, welche eine Ablenkung sind; und wenn wir die betrachten, finden wir, daß in einem solchen Zustande die Sache für einen Kyniker nicht das Erstrebenswerteste sein kann.
Wie kann aber dabei die menschliche Gesellschaft bestehen?
Herr des Himmels, erweisen denn diejenigen, die zwei oder drei heulende Kinder in die Welt setzen, der Menschheit einen größeren Dienst als diejenigen, die die andern Menschen, soviel sie können, beaufsichtigen: was sie machen, wie sie leben, womit sie sich beschäftigen, was sie vernachlässigen? Haben die Thebaner, die da Kinder hinterließen, etwa mehr Nutzen gestiftet als Epaminondas, der kinderlos starb? Und hat nicht Homer zum Wohle der Menschheit mehr beigetragen als Priamos mit seinen fünfzig Gören, oder Danaos oder Aiolos?
Übrigens wird wohl Feldherrnwürde oder Schriftstellerei manchen vom Heiraten oder Kinderzeugen abhalten, und er wird nicht glauben, daß er seine Kinderlosigkeit gegen ein Nichts vertauscht hat; sollte die Herrscherwürde eines Kynikers diesen Preis nicht wert sein?
Wir fühlen kaum seine Größe, wir schätzen einen Charakter wie Diogenes nicht nach Gebühr, wir sehen immer auf die heutigen Kyniker, die unter dem Tische oder an der Tür liegen, die jenem nachzuahmen glauben, indem sie furzen. Sonst würden wir uns nicht darüber aufhalten oder verwundern, wenn er nicht heiratet und Kinder zeugt. Mein Lieber, er ist Vater allen Menschen, die

Männer hat er zu Söhnen, die Frauen zu Töchtern. So steht er allen gegenüber, so sorgt er für alle. Oder meinst du etwa, daß er seine Mitmenschen zum bloßen Vergnügen zurechtweist? Er tut es wie ein Vater, wie ein Bruder, er ist der Diener Gottes, unseres gemeinsamen Vaters.

Du kannst mich, wenn du willst, auch noch fragen, ob sich der Kyniker am öffentlichen Leben beteiligt. Dummkopf, kennst du noch ein größeres Amt als das, das er verwaltet! Ob er, wenn er nach Athen kommt, nach Einkünften und Zöllen fragt? er, der mit allen sprechen will, mit den Athenern sowohl wie mit den Korinthern und den Römern, aber nicht über Steuern oder Frieden oder Krieg, sondern über Glück und Unglück, über guten und schlechten Seelenzustand, über Knechtschaft und Freiheit! Von einem Menschen, der einen solchen Staat leitet, fragst du mich, ob er am öffentlichen Leben teilnimmt! Frage mich auch noch, ob er Herrscher sein soll, und wieder werde ich dir antworten: du Tor, welche Herrschaft ist größer als die seinige?

Ein Kyniker muß freilich einen gesunden Körper haben; wenn er schwindsüchtig, mager und bleich daherkommt, so gilt sein Zeugnis nicht sehr viel. Denn er muß nicht nur durch seine inneren Vorzüge den andern zeigen, daß es möglich ist, auch ohne die Dinge, die man gewöhnlich bewundert, ein ordentlicher Mensch zu sein; sondern er muß auch an seinem Körper zeigen können, daß eine einfache, schlichte Lebensweise in freier Natur nicht einmal den Körper schädigt. „Sieh, auch davon bin ich ein Beweis, seht meinen Körper!“ So sprach Diogenes. Er salbte sich und ging so einher, und gerade sein Körper zog die Augen vieler auf sich. Ein Kyniker aber, der Mitleid einflößt, ist wie ein Bettler: alle wenden sich von ihm ab, alle nehmen Anstoß an ihm. Auch darf er sich nicht schmutzig zeigen, um nicht dadurch die Menschen zu verscheuchen, sondern auch sein Bettlergewand muß sauber und anziehend sein.

Es muß der Kyniker aber auch viel natürliche Anmut und Scharfblick haben, damit er sofort schlagfertig auf alle Einwürfe antworten kann. So fertigte Diogenes einen ab, der zu ihm sagte: „Bist du der Diogenes, der nicht glaubt, daß es Götter gibt" mit den Worten: „Wie sollte ich, da ich glaube, daß du ihnen verhaßt bist?"

Vor allem aber muß die Herrscherin Vernunft bei ihm reiner sein als die Sonne; sonst ist er ein Spieler und ein leichtfertiger Mensch, der selbst mit einem Fehler behaftet ist, den er an andern tadelt. Jenen Königen und Gewalthabern verschaffen die Speerträger und Waffen das Recht, daß sie andere tadeln und strafen können, auch wenn sie selbst schlecht sind; der Kyniker hat seine Macht nur in sich selbst.

Wenn er sieht, daß er für andere Menschen gewacht und gearbeitet hat, daß er sich rein schlafen gelegt und noch reiner vom Schlafe wieder erwacht ist, daß er in allem, was er denkt, als ein Freund der Götter denkt, als ihr Diener, der teilhat an der Herrschaft Gottes, daß ihm überall vor Augen schwebt: „Führe mich, Zeus, und du, allmächtiges Schicksal" und „Wenn es den Göttern so gefällt, dann geschehe es so" –: weshalb sollte er nicht den Mut haben, sich offen gegen seine Brüder, seine Kinder, gegen alle seine Verwandten zu äußern? Auch beschäftigt er sich nicht mit fremden Dingen, wenn er die Menschen beobachtet, sondern mit seinen eigenen. Denn sonst müßtest du das auch von einem vielbeschäftigten Feldherrn sagen, wenn er seine Soldaten mustert und jeden untersucht und streng über sie wacht und die unordentlichen bestraft. Wenn du aber einen Kuchen unter dem Arm hast und auf andere schimpfst, dann muß ich zu dir sagen: Geh lieber in einen stillen Winkel und iß da den Kuchen auf, den du gestohlen hast, was gehen dich fremde Dinge an?

Wer bist du denn, etwa eine Bienenkönigin? Zeige mir die Zeichen deiner Herrschaft, wie jene sie von Natur aus hat. Wenn du aber eine Drohne bist und maßest dir die Herrschaft über die Bienen zu, meinst du nicht, daß deine Mitbürger dich vertreiben werden wie die Bienen die Drohnen?

Denn freilich muß der Kyniker so viel ertragen können, daß er der Menge unempfindlich erscheint wie ein Stein. Keine Beleidigung, Mißhandlung, Verhöhnung trifft ihn; mit seinem Körper läßt er jeden machen, was er will. Denn er weiß, daß der Stärkere über den Schwächeren siegt, wo er schwächer ist. Niemals läßt er sich also auf einen Kampf ein, in dem er den kürzeren zieht, sondern steht von fremden Dingen sofort ab und streitet nicht darum. Wo es sich aber handelt um den Willen, um Anwendung von Vorstellungen, da wird man sehen, wieviel Augen er hat, so daß man sagen wird: Argus ist blind gegen ihn. Nie ist er voreilig mit seinem Beifall oder unbesonnen in seinen Wünschen, nie verfehlt er, wonach er strebt, und nie verfällt er dem, was er zu meiden sucht, seine Absicht hat Zweck, er klagt nicht, für ihn gibt es keine Demütigung, keinen Neid. Fremde Dinge stören ihn nicht in seiner Ruhe, alles atmet Frieden, niemand kann ihn seines freien Willens berauben, kein Herrscher hat Gewalt über ihn. Über seinen Leib wohl, auch über Besitz, Ämter und Würden. Was kümmern ihn also diese? Wenn ihn nun einer damit erschrecken will, dann sagt er bloß: Fort mit dir, suche dir kleine Kinder, diese

kannst du mit Masken erschrecken, ich aber weiß, daß sie nur aus Ton sind und nichts dahinter ist.
Zu einer so großen Sache willst du dich entschließen? Also, wenn du dich dazu entschließt, tritt zuerst vor Gott und geh zuerst an die Vorbereitung. Denn sieh, was sagt Hektor zu Andromache: „Geh lieber nach Hause und webe, der Krieg aber ist Sache der Männer, aller und meine am meisten!" So dachte er an seine Vorbereitung und an ihre Schwäche.

33. Zu einem „brillanten" Philosophen

III, 23.

Zuerst mußt du dir klarwerden, was du sein willst, dann mußt du demgemäß handeln. Die Athleten suchen sich zuerst klar zu werden, was sie werden wollen, danach handeln sie demgemäß; der Dauerläufer braucht eine bestimmte Nahrung, bestimmte Laufübungen, besondere Körperbehandlung, besondere Übungen; der Schnelläufer macht das alles ganz anders; der Ringkämpfer noch anders.
Ebenso ist es auch bei den Künsten: der Zimmermann muß dieses, der Schmied jenes haben. Denn lassen wir nicht jede unserer Handlungen auf etwas abzielen, so handeln wir zwecklos, lassen wir etwas nicht auf das Notwendige abzielen, so richten wir nur Unheil an.
Übrigens kann der Zweck ein allgemeiner und ein besonderer sein. Die erste Forderung ist, daß du Mensch bist. Was will das sagen? Du sollst kein Schaf sein, wenn auch gemäßigt, kein wildes Tier, wenn auch voll Kraft. Der besondere Zweck aber bezieht sich auf die Lebensweise und den Willen des einzelnen: Ein Lautenspieler muß

sich wie ein Lautenspieler, ein Baumeister wie ein Baumeister, ein Philosoph wie ein Philosoph, ein Redner wie ein Redner benehmen.
Wenn du nun sagst: „Kommt her und hört meine Vorlesungen“, dann überlege dir zuvor, ob du das nicht zwecklos tust; hast du einen Zweck, dann sieh zu, ob es der richtige ist. Entweder willst du Nutzen stiften oder Lob ernten. Sofort kannst du einen hören, der sagt: „Welchen Wert hat für mich das Lob der Menge?“ und er hat recht. Denn auch nicht dem Musiker oder dem Geometer gilt es etwas, soweit sie wirklich welche sind. Mithin willst du Nutzen stiften. Inwiefern? Sage es auch uns, damit wir auch zu deinem Hörsaale eilen können. Kann nun einer den andern von Vorteil sein, der selbst nichts versteht? Nein, denn auch der, welcher kein Zimmermann ist, fördert das Zimmerhandwerk nicht, und die Schuhmacherei nicht, wer kein Schuhmacher ist.
Du willst also wissen, ob du etwas kannst: Laß uns deine Lehrsätze hören, Philosoph. Was verheißt uns das Begehren? Daß es nicht zwecklos sei. Was Verabscheuen? Daß man etwas wirklich vermeide. Gut, erfüllst du nun selbst diese Forderungen? Sage mir die Wahrheit, wenn du aber lügst, so werde ich dir sie sagen:
Neulich, als deine Zuhörer sich etwas teilnahmslos verhielten und dir keinen Beifall spendeten, da gingst du sehr geknickt hinaus; ein andermal, als du beifällig aufgenommen wurdest, da gingst du noch lange herum und sagtest zu einem jeden: „Wie habe ich dir gefallen?“ „Großartig, Herr, wahrhaftig!“ „Wie habe ich das entwickelt?“ „Was meinst du?“ „Wo ich den Pan und die Nymphen schilderte?“ „Ganz hervorragend.“
Und dann willst du mir noch sagen, du habest dich in deinem Wollen und Nichtwollen nach der Natur gerich-

tet? Geh, das kannst du einem andern aufschwätzen. Hast du neulich nicht einen gelobt gegen deine Überzeugung? Hast du ihm nicht geschmeichelt, weil er der Sohn eines Senators war? Wolltest du wirklich, daß deine Kinder auch so wären?

Bewahre.

Weshalb hast du ihn denn gelobt und gerühmt?

Er ist ein edler Jüngling und hört gern die Vorträge.

Woher weißt du das?

Er bewundert mich.

Jetzt hast du den wahren Grund gesagt: Was meinst du nun: werden sie dich nicht im geheimen verachten? Wenn ein Mensch, der sich bewußt ist, daß er weder etwas Gutes getan noch gedacht hat, einen Philosophen trifft, der zu ihm sagt: Du bist ein bedeutender, ein einfacher, edler Mensch, was meinst du wohl, was jener denken wird? Nichts anderes als: Wozu will er mich wohl haben? Oder kannst du mir sagen, was für eine Großtat er vollbracht hat? Sieh, so lange ist er mit dir zusammen, genießt deinen Umgang, hört dich reden, hört deine Vorlesungen; ist er ruhiger geworden? in sich gekehrt? fühlt er, in welchen Fehlern er steckt? hat er sein Vorurteil schon aufgegeben? sucht er nach einem, der ihn belehrt? Du sagst: ja; sucht er einen Lehrer, der ihm zeigt, wie er leben soll? Nein, du Tor, sondern einen, der ihn schöne Worte machen lehrt. Deshalb kommt er nämlich zu dir und bewundert dich. Höre nur, was er sagt: Dieser Mensch schreibt sehr gewandt, viel schöner als Dion. Das ist etwas ganz anderes. Sagt er etwa: dieser Mensch ist bescheiden, treu, unerschütterlich? Wenn er das auch sagte, dann würde ich ihm sagen: Da du diesen hier treu nennst, was heißt das, dieser ist treu? Und wenn er es nicht zu sagen vermöchte, würde ich noch hinzufügen: Lerne zuerst, was du sagen willst, dann kannst du so reden!

Du handelst also nicht recht; wenn du dich um Anhänger reißt und deine Zuhörer zählst, wie willst du da noch andern nützen?

Heute hatte ich viel mehr Zuhörer als sonst?

Ja, außerordentlich viele.

Ich rechne, es waren an fünfhundert.

Was sagst du, du kannst ruhig tausend annehmen.

Dion hatte niemals so viele Zuhörer.

Wo denkst du hin?

Und wie aufmerksam hörten sie auf die Vorträge!

Ja, das Schöne, Herr, könnte auch einen Stein rühren.

Das ist die Sprache eines, der sich Philosoph nennt! Mit dieser Gesinnung will er die Menschen fördern! Dieser Mensch hat Philosophie gehört, hat die sokratischen Schriften gelesen, weiß, daß sie von Sokrates und nicht von Lysias oder Isokrates sind. „Oft habe ich mich gewundert, was wird man anführen können…“ nein, sondern so: „Weshalb wohl“, diese Ausdrucksweise ist besser als jene. Habt ihr denn diese Schriften niemals anders gelesen, als wären es Gassenlieder? Wenn ihr sie ordentlich gelesen hättet, so würdet ihr euch nicht damit abgeben, sondern euch vielmehr jene Stellen ansehen wie „Anytus und Meletos können mich wohl töten, aber schaden können sie mir nicht“, oder „Stets bin ich so, daß ich auf nichts mehr acht gebe als auf die Vernunft, die mir nach reiflicher Überlegung das Beste zu sein scheint.“ Wer hat jemals den Sokrates sprechen hören: „Ich weiß etwas und kann lehren?“ Vielmehr schickte er den einen dahin, den andern dorthin. Sie kamen alle zu ihm und ließen sich von ihm an Philosophen empfehlen, und er ging selbst mit ihnen hin und stellte sie jenen vor.

Nicht sagte er zu ihnen, während er sie begleitete: „Du kannst mich heute hören, ich werde im Hause des Kodratos sprechen."

Warum soll ich dich hören? Willst du mir beweisen, daß du schöne Worte drechseln kannst? Das kannst du, mein Lieber, aber was ist gut für dich? Wenn du mich lobst! Wie soll ich dich loben? Sage: „Herrlich, bewundernswert!" Sieh, das kann ich dir nachsprechen. Aber, wenn nur dasjenige Lob verdient, was die Philosophen zu den Gütern zählen, was soll ich an dir loben? Wenn es etwas Gutes ist, ein tüchtiger Redner zu sein, dann lehre mich das, und ich werde dich loben.

Aber soll man solche Vorträge widerwillig anhören? Durchaus nicht. Ich höre auch den, der zur Laute singt, nicht widerwillig an; aber muß ich mich deshalb nun hinstellen und auch zur Laute singen? Höre, was Sokrates sagt: „Ich halte es auch unter meiner Würde, ihr Herren, in meinem Alter vor euch noch Reden zu drechseln wie ein Schuljunge." Ja, wie ein Schuljunge, so sagt er. Es ist in der Tat eine herrliche Kunst, schöne Worte auszusuchen, sie dann zusammenzustellen, dann hinzugehen und sie mit Pathos vorzulesen oder vorzutragen und sich beim Lesen im stillen zu sagen: das können nicht viele, darauf könnte ich schwören!

Fordert der Philosoph die Leute auf, ihn zu hören? Bringt er nicht, ebenso wie die Sonne allem Nahrung bringt, allen Vorteil? Welcher Arzt macht bekannt, es soll sich einer von ihm heilen lassen? Jedoch höre ich, daß jetzt in Rom auch die Ärzte die Leute zu sich rufen, während sie zu meiner Zeit sich holen ließen.

Ich fordere dich auf, in meine Vorlesungen zu kommen, zu hören, daß es schlecht um dich steht, daß du dich um alles mehr bekümmerst als darum, was du sollst, daß du weder gut noch böse kennst, daß du elend und unglücklich bist! Das ist eine Aufforderung! Und wenn die Rede des Philosophen das nicht fertig brächte, dann wäre sie tot wie auch der Redner.

Rufus pflegte zu sagen: „Wenn ihr Zeit habt, mich zu loben, dann ist meine Rede nichts wert." Daher sprach er auch so, daß jeder von uns, der bei ihm saß, glaubte, einer habe ihn bei ihm verklagt, so genau traf er alles, so deutlich stellte er die Fehler der einzelnen vor ihre Augen.

Der Hörsaal eines Philosophen ist wie das Sprechzimmer eines Arztes: Man soll aus ihm nicht fröhlich, sondern schmerzgebeugt herauskommen; denn ihr geht nicht gesund hinein, sondern der eine hat sich den Arm ausgerenkt, der andere hat ein Geschwür, ein anderer eine Fistel, ein vierter Kopfschmerzen. Soll ich unter euch sitzen und geistreiche Gedanken vortragen, damit ihr beim Hinausgehen mich lobt, und der eine schleppt den Arm wieder so hinaus, wie er ihn hereingebracht hat, der andere behält seine Kopfschmerzen, der andere sein Geschwür und seine Fistel. Und deshalb reisen die jungen Leute in weite Länder, verlassen ihre Eltern daheim, ihre Freunde und Verwandten, ihre Besitzungen, um dir „Ah" zuzurufen, wenn du etwas Geistreiches gesagt hast! Tat das Sokrates auch? oder Zeno, oder Kleanthes?

Aber gibt es denn kein Mittel, jemanden anzuregen?

Wer leugnet denn das? Ebenso wie es Beweise und Belehrungen gibt. Wer hat aber jemals die Prahlerei dazu gerechnet? Was heißt denn anregen? Es fertig bringen, dem einzelnen und der Menge den Kampf zu zeigen, in dem man sich befindet, ihnen vor Augen zu führen, daß sie sich um alles mehr kümmern als um das, was sie eigentlich wollen. Denn sie wollen das, was zu ihrem

Glücke beiträgt, aber sie suchen, wo es nicht ist. Damit das geschieht, muß man hundert Bänke errichten und Zuhörer herbeirufen, damit sie sehen, wie du in glänzendem Gewande oder Mantel auf den gepolsterten Katheder steigst und schilderst, welches Ende Achilles nahm? Bei den Göttern, ich bitte euch, hört auf, mit schönen Worten große Taten zu besudeln, soviel ihr nur könnt. Nichts regt stärker an, als wenn der Redner seinen Zuhörern eine zwingende Forderung stellt. Oder sage mir, welcher Zuhörer, der dich hörte oder deinen Umgang genoß, ist in sich gegangen oder hat beim Weggehen gesagt: Der Philosoph hat mich gut getroffen; ich darf das nicht mehr tun. So aber sagt er, wenn du großen Erfolg hast, zu seinem Nachbarn: „Das war schön, wie er von Xerxes sprach“, und der andere antwortete: „Nein, sondern wo er von der Schlacht an den Thermopylen sprach!“ Hört man so einen Philosophen?

34. Man muß sich trennen können

III, 24.

Wenn ein anderer gegen seine Natur handelt, das soll für dich kein Grund zur Trauer sein; denn du bist nicht dazu da, mit dem andern den Kopf hängen zu lassen oder dich unglücklich zu fühlen, sondern sollst mit ihm glücklich sein. Wenn aber jemand unglücklich ist, dann soll er sich sagen, daß er durch sich selbst unglücklich wurde. Gott hat nämlich alle Menschen geschaffen, damit sie in beständigem Glück leben. Jedem einzelnen hat er dazu verschiedene Mittel gegeben, die teils in dessen Gewalt sind, teils ihm fremd. Fremd ist alles, was verhindert, weggenommen, erzwungen werden kann; was keine Hindernisse kennt, das ist uns zueigen. Gutes und Böses

aber hat er, da er für uns wie ein Vater sorgt, uns zueigen gegeben.
Aber ich habe mich von dem und dem trennen müssen, und er ist deshalb traurig.
Warum hielt er auch fremde Dinge für sein Eigentum? Warum dachte er nicht daran, als er sich noch deines Anblickes erfreute, daß du sterblich bist, daß du einmal fortgehen könntest? Deshalb muß er als Strafe für seine Torheit büßen.
Und du, um wen oder was weinst du denn? Hast auch du das nicht bedacht? Willst du wie unvernünftige Weiber mit allen, deren Umgang du dich erfreust, zusammen sein, als gäbe es keine Trennung? willst am selben Orte, mit denselben Menschen in derselben Gesellschaft hokken bleiben? Und nun sitzt du da und weinst darüber, daß du nun nicht mehr diese Gesichter sehen, nicht mehr an diesem Orte wohnen wirst. Deshalb verdientest du, daß du elender daran seiest als die Raben und Krähen, die fliegen können, wohin sie wollen, ihre Nester bauen, wo sie wollen, die über Meere hinwegfliegen können und die nicht klagen oder sich nach dem Früheren zurücksehnen.
Ja, das können sie leicht, weil sie keine Vernunft haben. Die Vernunft ist uns also nur zum Elend und Unglück von den Göttern gegeben worden, damit wir uns elend fühlen, unser Leben in Trauer dahinbringen sollen? Oder es sollten alle unsterblich sein, wir sollten nirgendwohin gehen, sollten wie die Pflanzen fest angewurzelt am Boden kleben! und wenn jemand von unseren Freunden fortgeht, sollen wir dasitzen und heulen, und dann, wenn er wiederkommt, sollen wir tanzen und klatschen wie die kleinen Kinder!
Wollen wir uns denn nicht endlich einmal der Mutter-

milch entwöhnen und auf das besinnen, was wir von den Philosophen gelernt haben – oder haben wir es uns von Magiern zuraunen lassen? –, nämlich: Die ganze Welt ist eine Gemeinde; gleich ist überall der Stoff, aus dem sie gebildet worden ist; es muß notwendig einen Kreislauf geben, das eine muß dem andern Platz machen, das eine muß vergehen, wenn das andere ersteht, das eine bleibt an seiner Stelle, das andere bewegt sich fort. Alles aber ist voll von Wesen, die einander freund sind, von Göttern und Menschen, von Natur aus miteinander verwandt. Und die einen müssen miteinander zusammenleben, andere müssen sich trennen, sie können sich Anwesender erfreuen, über Fortreisende sollen sie sich nicht betrüben. Der Mensch hat außer dem, daß er von Natur aus hochherzig ist und über alles hinwegsehen kann, was nicht von seinem Willen abhängig ist, noch den Vorzug erhalten, daß er nicht festgewurzelt ist, nicht am Boden angewachsen ist, sondern daß er hierhin und dorthin gehen kann, einmal von Bedürfnissen gedrängt, das andere Mal zum Sehen und Kennenlernen.
Von der Art war auch, was dem Odysseus begegnete, der „vieler Menschen Städte gesehen und Sitten kennengelernt hat“, und noch früher dem Herakles, der die ganze Erde durchwanderte, „menschlichen Hochmut zu schauen und gute Gesetzesbefolgung“, um das eine auszurotten und wegzufegen, das andere an dessen Stelle einzuführen. Und doch, was meinst du, wieviele Freunde hat er sich erworben in Theben, in Argos, in Athen, auf allen seinen Wanderungen? Er heiratete auch, als ihm die Zeit dazu gekommen schien, zeugte Kinder und ließ sie zurück, ohne zu klagen, ohne übermäßige Sehnsucht, und ohne sie als Waisen zurückzulassen. Denn er wußte, daß kein Mensch verwaist ist, daß immer und unaufhör-

lich ein Vater für uns sorgt. Er wußte es nicht bloß vom Hörensagen, daß Zeus der Vater aller Menschen ist, er hielt ihn auch für seinen Vater, nannte ihn auch so und tat alles, was er tat, nur im Hinblick auf ihn. Deshalb konnte er auch überall ein glückliches Leben führen. Niemals aber ist es möglich, daß in einem Menschen Glück und Sehnsucht nach Abwesendem sich zusammenfinden. Der Glückliche muß alles haben, was er will, muß sein wie ein völlig Gesättigter, Hunger und Durst dürfen bei ihm nicht einziehen.
Aber meine Mutter hat Kummer, wenn sie mich nicht sieht!
Warum hat sie sich nicht auch diese Lehren angeeignet? Ich will damit nicht sagen, daß du dich nicht darum kümmern sollst, daß sie aufhört zu seufzen; sondern man soll sich um das uns Fremde nicht kümmern; und die Trauer eines andern ist etwas Fremdes, nur die meinige geht mich etwas an. Ich kann also in meine Angelegenheiten eingreifen, dazu habe ich die Gewalt; das Fremde kann ich zu bessern versuchen, soweit es in meinen Kräften steht, aber nicht um jeden Preis. Denn sonst würde ich einen Kampf gegen die Götter aufnehmen, ich würde mich in Gegensatz stellen zu Gott, ich würde mich ihm widersetzen und damit gegen das All der Dinge. Und die Strafe für diesen Frevel und Ungehorsam würden nicht Kinder und Kindeskinder abbüßen, sondern ich selbst Tag und Nacht, aus dem Schlafe würde ich vor Schreck aufspringen, ohne Ruhe sein, müßte bei jeder Nachricht zittern, und meine Gemütsruhe wäre abhängig von Briefen, die ein anderer schickt: Es ist jemand aus Rom da. Wenn er nur nichts Unangenehmes bringt! Was kann dir Schlimmes geschehen, wo du nicht bist? Aus Griechenland ist jemand da. Wenn er nur keine schlimme

Nachricht bringt! So kann dir jedes Ding Ursache sein, dich unglücklich zu fühlen. Ist es nicht genug, daß du dort Unglück hast, wo du selber bist? sollst du auch noch jenseits des Meeres und durch Briefe unglücklich werden? So ist es um die Sicherheit deiner Angelegenheiten bestellt?

Wie aber, wenn meine Freunde dort gestorben wären?

Was besagt denn das anderes, als daß sie starben, da sie sterblich waren. Wie willst du alt werden und keinen von deinen Lieben sterben sehen? weißt du denn nicht, daß in einem so langen Zeitraume sich gar Vieles und Mannigfaltiges ereignen muß: den einen hat das Fieber überwältigt, ein anderer unterliegt einem Räuber oder einem Gewalttätigen. Denn solcher Art sind die Verhältnisse, die uns umgeben, und mit solchen Menschen müssen wir zusammenwohnen; Kälte, Hitze, Hunger, Unfälle zu Wasser und zu Lande, Stürme, Zufälle mancherlei Art raffen den einen hinweg, vertreiben jenen, drängen ihn zu einer Reise oder in den Krieg. Bist du nun von alledem sehr bewegt, dann kannst du sitzen, trauern in Elend und Not, von anderen Dingen abhängig, und das nicht nur von einem oder zweien, sondern von tausenden und aber tausenden.

Hast du das bei den Philosophen gehört, das bei ihnen gelernt? Weißt du nicht, daß du wie in einem Feldzug bist: Der eine muß Wache stehen, der andere auf Kundschaft ausgehen, ein anderer muß vor den Feind. Es ist nicht möglich, daß alle an einer Stelle stehen, es wäre auch nicht gut. Du aber unterläßt es, das auszuführen, was dir vom Feldherrn aufgetragen worden, du beschwerst dich, wenn dir eine etwas schwerere Aufgabe zufällt, und ahnst gar nicht, in welche Lage du das Heer bringst; wenn alle deinem Beispiel folgen würden, so

würde niemand mehr einen Graben auswerfen oder Pallisaden aufpflanzen, Wachtposten stehen, ein Wagnis unternehmen, man würde den Feldzug unnütz mitmachen.
Ein anderes Beispiel: Wenn du auf einem Schiff als Matrose fährst, bleibe einmal an einer Stelle liegen und liege da fest, weigere dich, wenn du auf den Mast klettern oder aufs Vorderdeck gehen sollst – welcher Steuermann wird das dulden? Wird er dich nicht wie überflüssigen Ballast über Bord werfen zum abschreckenden Beispiel für die übrigen Matrosen? So ist es auch hier. Das Leben jedes einzelnen ist eine Art Kriegsdienst, und dieser ist lang und wechselvoll: Wie ein Soldat mußt du alles ausführen nach dem Willen des Feldherrn, ja wenn es möglich wäre, mußt du schon erraten, was er will. Und dann ist jener Feldherr mit diesem nicht zu vergleichen, weder an Macht noch an Erhabenheit seiner Anschauungen.
Du bist an leitende Stelle gesetzt, nicht an eine untergeordnete, du sitzt mit in der Ratsversammlung. Weißt du nicht, daß ein solcher sich nur wenig um seine häuslichen Verhältnisse kümmern kann, daß er viel auswärts ist, entweder als Befehlshaber oder unter dem Befehl eines anderen, im Auftrage eines Beamten, oder im Felde, oder Recht sprechend. Und du möchtest wie eine Pflanze immerfort an einer Stelle kleben, wie festgewurzelt? Ja, das wäre mir angenehm. Wer möchte das nicht sagen? Auch eine Fleischbrühe ist angenehm, auch ein schönes Weib ist etwas Angenehmes. Lehren diejenigen, die in dem Vergnügen ihren Zweck sehen, etwas anderes?
Merkst du noch nicht, wessen Sprache du führst? Es ist die Sprache der Epikuräer und der Lüstlinge. Dann hast du deine Anschauungen und dein Handeln von ihnen

und willst uns Reden halten von Zeno und Sokrates. Willst du nicht diesen fremden Schmuck, der dir doch gar nicht steht, so weit wie nur möglich von dir fortwerfen? Welchen andern Wunsch haben jene noch, als zu schlafen, wie und wann sie wollen, nach dem Erwachen sich in aller Ruhe auszugähnen, sich dann das Gesicht zu waschen, dann zu schreiben und zu lesen, was sie wollen, dann etwas zu schwätzen, um sich von ihren Freunden loben zu lassen, was sie auch sagen mögen, dann ein wenig spazierenzugehen und nach dem Spaziergang ein Bad zu nehmen, dann zu essen und wieder zu schlafen, in einem Bette, wie es für solche Leute selbstverständlich ist – was soll ich noch weiter sagen? Den Schluß kann ein jeder selber machen. Und nun entwickele mir einmal den Lebensgang, den du dir wünschst, du Eiferer für die Wahrheit, für Sokrates und Diogenes! Was willst du in Athen tun? Eben dies? Oder vielleicht doch anderes? Warum nennst du dich denn einen Stoiker? Diejenigen, die sich fälschlich das römische Bürgerrecht beilegen, werden schwer bestraft, diejenigen aber, die sich zu Unrecht eine so große Sache und einen solchen Namen beilegen, sollten straflos ausgehen? Ist dies möglich? Vielmehr ist es ein göttliches und starkes, unwiderstehliches Gesetz, das die größten Strafen über die verhängt, die sich am Größten vergangen haben. Wer sich etwas beilegt, was ihm nicht gehört, ist ein Betrüger, ein eitler Prahler; wer der göttlichen Anordnung nicht gehorcht, soll zuunterst stehen, ein Sklave sein, soll von Trauer, Neid und Mitleid erfüllt sein und – was schwerer wiegt als alles andere – soll sich unglücklich fühlen und weinen.

35. Unabhängigkeit

III, 24.

Als Diogenes gefangen war, sehnte er sich nicht nach Athen zurück, nach seinen dortigen Bekannten und Freunden, sondern schloß sich sogar an die Seeräuber an und suchte sie zu bessern. Später, als er verkauft wurde, lebte er in Korinth ebenso wie früher in Athen, und wäre er zu den Perrhaibern gekommen, er hätte sich genau so darein gefunden. Das nennt man Freiheit! Deshalb sagte er: „Seitdem mich Antisthenes befreit hat, bin ich niemals Sklave gewesen." Wie hat er ihn befreit? Höre, was er darüber sagt: er lehrte mich unterscheiden zwischen mein und nicht mein; Besitz ist nicht mein, Verwandte, Familie, Freunde, Ruf, gewohnte Orte, Gesellschaft, alles das sind fremde Dinge. Was ist nun mein? Der Gebrauch der Vorstellungen. Er hat mir bewiesen, daß sie kein Hindernis, keinen Zwang kennen, daß niemand mich hindern, niemand mich zwingen könne, sie anders anzuwenden, als wie ich sie will. Wer hat also noch Macht über mich: Philipp oder Alexander oder Perdikkas oder der persische Großkönig? Woher sollten sie sie haben? Denn wer Menschen unterworfen werden soll, der muß schon viel früher den Dingen unterworfen gewesen sein. Der sollte also abhängig sein von Vergnügen, Ruhm, Reichtum, der, wenn es ihm gefällt, seinen ganzen Körper jemandem hinwerfen kann? Wessen Sklave sollte dieser noch sein, wem noch untergeordnet? Wenn er aber gern in Athen leben möchte, wenn er unter dem Einflusse der dortigen Gesellschaft stünde, dann wäre seine Sache in aller Hände, der Stärkere wäre fähig, ihn in Trauer zu versetzen. Denkst du etwa, er hätte den Seeräubern geschmeichelt, daß sie ihn an einen Athener verkaufen sollten, damit er wieder einmal den schönen Piräus und die langen Mauern und die Akropolis sehen könnte? Was wäre er in diesem Falle? Ein Sklave, ein ganz niedriger Sklave. Möchtest du das sein? Nein, frei willst du sein.

36. Über die Offenherzigkeit

IV, 13.

Wenn uns einer offenherzig über seine Verhältnisse gesprochen zu haben scheint, so fühlen wir uns gleich veranlaßt, auch unsererseits ihm gegenüber unsere Verhältnisse auszukramen, und halten das nicht mehr wie richtig: erstens, weil es uns ungerecht erscheint, selbst von den Verhältnissen des Nächsten zu hören und dann ihm nicht im gleichen Maße mit den unseren zu dienen; zweitens, weil wir glauben, wir würden in den Augen anderer nicht als aufrichtige Menschen erscheinen, wenn wir über unsere Angelegenheiten schwiegen. Und wirklich pflegen sie oft zu sagen: „Ich habe dir alles von mir erzählt, und du willst mir nichts sagen, was bei dir vorgeht, was bist du für ein Mensch!" Dazu kommt noch, daß wir glauben, dem vertrauen zu können, der uns sein Vertrauen geschenkt hat; denn wir nehmen an, daß dieser unsere Geheimnisse nicht ausplaudern wird, aus Angst, daß wir die seinigen weiterverbreiten. Auf diese Weise werden Unvorsichtige von den Polizeispitzeln abgefaßt: Ein Spitzel setzt sich neben dich, er sieht wie ein normaler Soldat aus und fängt an, schlecht vom Kaiser zu sprechen, dann sagst auch du heraus, was du denkst, nimmst seine Schmährede als ein Unterpfand für seine ehrliche Gesinnung, und dann wirst du gefesselt und abgeführt. Ähnliches können wir auch sonst erleben.

Aber muß ich denn dem ersten besten mich eröffnen, der

mir nun gerade seine Geheimnisse vertraut hat? Wenn ich verschwiegen bin, so schweige ich über das, was ich gehört habe, er aber geht vielleicht hin und erzählt es allen Leuten. Wenn ich dies dann erfahre und bin doch ähnlich wie er, so möchte ich Gleiches mit Gleichem vergelten und plaudere seine Geheimnisse auch aus, ich handle schlecht und werde schlecht behandelt. Wenn ich mich aber dessen erinnere, daß einer dem andern nicht schaden kann, daß die Werke eines jeden selbst ihm Nutzen oder Schaden bereiten, so bringe ich es über mich, jenem nicht ähnlich zu sein, dennoch habe ich durch meine Schwatzhaftigkeit Schaden genommen.
Ja, aber es ist doch ungerecht, die Geheimnisse eines andern zu hören und ihm nicht mit gleichem Vertrauen entgegenzukommen.
Habe ich dich denn geheißen, Mensch? hast du mir denn deine Geheimnisse unter gewissen Bedingungen erzählt, damit ich dir auch die meinigen zu hören gebe? Wenn du ein Schwätzer bist und jeden,der dir begegnet, gleich für einen Freund hältst, willst du denn, daß ich auch so sein soll wie du? Wie aber, wenn du mir deine Geheimnisse mit berechtigtem Vertrauen auf meine Verschwiegenheit mitgeteilt hättest, man dir aber nicht mit demselben Recht vertrauen kann – willst du denn, daß ich unüberlegt handeln soll? Es wäre gerade so, wie wenn ich ein dichtes Faß hätte und du ein leckes, und du kämest zu mir und gössest deinen Wein in mein Faß; dann aber wärest du böse darüber, daß ich dir nicht auch meinen Wein anvertraue, weil du ein durchlässiges Faß hast. Wo ist hier Gleichheit? Du hast dich zu einem treuen, bescheidenen Menschen gesetzt, der nur seine eigenen Handlungen für nützlich oder für schädlich hält, aber nichts von dem, was außer ihm liegt. Und du willst, daß

ich mich zu dir setzen soll, zu einem Menschen, der seinen Willen nicht achtet, der irgendeinen Gewinn erreichen will, ein Amt oder einen Empfang bei Hofe, und wenn du auch wie die Medea deine eigenen Kinder deswegen schlachten solltest! Wo ist da Gleichheit! Ja, zeige mir deine Treue, deine Bescheidenheit, die Festigkeit deiner freundschaftlichen Gesinnungen, zeige mir, daß dein Faß nicht durchlöchert ist, und du wirst sehen, wie ich nicht mehr zögere, dir meine Geheimnisse anzuvertrauen, ich selbst werde dann kommen und dich bitten, mich anzuhören. Denn wer wollte nicht ein gutes Gefäß gebrauchen, wer wollte einen wohlgesinnten und treuen Ratgeber verachten, wer wollte den nicht freudig empfangen, der teilhaben will an dem, was mich drückt wie eine Bürde, und der mich durch diese Teilnahme erleichtert?

Ja, aber ich vertraue dir, und du willst mir nicht vertrauen?

Erstens vertraust du mir nicht, sondern du bist ein Schwätzer und kannst deshalb nichts für dich behalten. Denn sonst solltest du es mir allein anvertrauen! Doch du, wenn du jemanden siehst, der gerade Zeit hat, setzt dich zu ihm hin und sagst: Bruder, ich habe keinen, der es besser und freundschaftlicher mit mir meint als du, bitte, laß dir etwas erzählen. Und das sagst du auch zu Leuten, die du auch nicht ein bißchen kennst. Wenn du es aber auch mir anvertraust, so tust du es offenbar nur deshalb, weil ich ein treuer und aufrichtiger Mensch bin, nicht damit ich dir auch meine Geheimnisse erzählen soll. Laß mich nun auch das gleiche von dir denken. Zeige mir, wenn jemand einem andern seine Geheimnisse erzählt, daß jener treu und ehrlich ist. Wenn das nämlich der Fall wäre, dann würde ich bei allen Menschen herumgehen und ihnen erzählen, was nur mich angeht, wenn ich davon ein treuer und anständiger Mensch würde.

37. Zweck und Mittel

IV, 4.

Bedenke, daß nicht nur das Streben nach Macht und Reichtum uns erniedrigt und andern untertänig macht, sondern auch das Verlangen nach Ruhe und Muße, nach Reisen und Gelehrsamkeit. Überhaupt alles Äußere, wie es auch sein mag, macht uns von anderem abhängig, durch den Wert, den wir darauf legen. Weshalb willst du zum Beispiel lesen? sage es mir. Wenn du nur den Zweck hast, dich zu unterhalten oder irgend etwas zu lernen, dann bist du ein Mensch ohne Leben und zu bedauern. Wenn du aber liest, um zu erfahren, was notwendig ist – worin anders besteht dieses als in Wohlbefinden? Wenn dir aber das Lesen dieses Wohlbefinden nicht verschafft, was hat es dann für einen Nutzen? Aber es verschafft es mir, sagt man, und deshalb bin ich unzufrieden, wenn ich es nicht haben kann! Was ist das für ein Wohlbefinden, das der erste beste stören kann, ich will nicht sagen, der Kaiser oder ein Freund des Kaisers, sondern schon ein Rabe, ein Flötenspieler, Fieber und tausend andere Kleinigkeiten? Dem Wohlbefinden ist nichts so eigen als ununterbrochene Dauer und Unzerstörbarkeit.

Ich werde jetzt gerufen, soll etwas tun, ich gehe fort – bei allem, was ich zu tun habe, sehe ich auf das rechte Maß, daß ich nämlich bescheiden, sicher, ohne Begehr und Abneigung gegen die Außendinge auftrete, und dann beobachte ich die Menschen, was sie sagen, wie sie sich bewegen; nicht etwa aus Bosheit, auch nicht, um sie zu tadeln oder zu verspotten, sondern ich mache eine Nutzanwendung auf mich selbst, ob ich nicht denselben Fehler mache und wie ich anders werden soll. Einst machte ich diesen Fehler, jetzt tue ich es, Gott sei Dank, nicht mehr. Wenn du dich so beschäftigst, hast du dann etwas Geringeres getan, als wenn du tausend Zeilen gelesen oder geschrieben hättest? Bist du auch ungehalten darüber, daß du nicht lesen kannst, wenn du ißt oder wenn du badest oder wenn du turnst? Wenn du es durchhältst, leidenschaftslos zu sein, dich nicht niederdrücken zu lassen, ruhig zu sein, wenn du mehr auf das siehst, was vorgeht, und dich nicht selbst zum Schauspiel machst, wenn du die nicht beneidest, die die ersten Stellen innehaben, wenn du dich von den Dingen nicht hinreißen läßt, was brauchst du dann noch?

38. Wie erträgt man Mitleid?

IV, 6.

Ich ärgere mich, sagt jemand, wenn man mich bemitleidet.

Hängt denn das von dir ab, bemitleidet zu werden, oder von denen, die dich bemitleiden? Wie meinst du, kannst du etwas dazu tun, daß sie damit aufhören, dich zu bemitleiden?

Gewiß, wenn ich ihnen zeige, daß sie keinen Grund zum Mitleid haben.

Bist du schon so weit, daß du keinen Grund zum Mitleid gibst, oder bist du es noch nicht?

Ich glaube, es ist wohl Grund vorhanden. Aber die Leute bemitleiden mich nicht meiner Unvollkommenheit wegen, wie es wohl in der Ordnung wäre, sondern wegen meiner Armut, weil ich kein Amt habe, krank bin, weil mir meine Lieben gestorben sind oder wegen ähnlicher Dinge.

Willst du es nun versuchen, die Menge zu überzeugen, daß nichts von dem ein Übel ist, sondern daß auch ein armer, einfacher Bürger, der nichts Besonderes ist, glücklich zu leben vermag? oder willst du dich ihnen als ein reicher und mächtiger Mann zeigen? Das würde dich aber als einen aufgeblasenen, geistlosen und wertlosen Menschen erweisen. Und dann bedenke, wieviel du aufwenden müßtest, um diese Vorspiegelung zu erreichen: Du mußt dir Sklaven anschaffen, Silbergeschirr, mußt das öffentlich ausstellen, wenn möglich mehrere Male dasselbe, und nicht merken lassen, daß es dasselbe ist, mußt dir glänzende Kleider kaufen und andern Putz, mußt dich stellen, als würdest du von angesehenen Männern in Ehren gehalten, mußt versuchen, von solchen eingeladen zu werden, oder dir wenigstens den Anschein geben, als geschähe dies wirklich, auch mußt du deinem Körper nachhelfen, um wohlgewachsener und edler zu erscheinen, als du wirklich bist. Solche Mittel mußt du anwenden, wenn du den zweiten Weg gehen willst, um nicht bemitleidet zu werden.

Der erste Weg aber wäre endlos lang; selbst Zeus würde es nicht fertig bekommen, alle Menschen zu überzeugen von dem, was gut und was böse ist. Das ist dir nicht gegeben. Eins aber ist dir verliehen: Dich selbst zu überzeugen. Du bist noch nicht überzeugt, wie willst du andere überzeugen? Wer ist schon so lange mit dir zusammen wie du selbst? Warum hast du dich noch nicht überredet, das zu lernen? Handelst du nicht ganz verkehrt? War es nicht gerade das, worum du dich bemüht hast? War es nicht, um zu lernen, wie man ohne Trauer und Unruhe leben, ohne Erniedrigung und frei dastehen kann? hast du nicht gehört, daß es nur einen Weg gibt, der dahinführt: Verzicht auf alles, was nicht in unserer

Gewalt steht? Laß ab davon und betrachte es als etwas Fremdes. Und nun: die Meinung eines andern über dich. Wozu gehört sie?
Zu dem, was nicht in unserer Gewalt steht.
Also geht sie dich nichts an, gar nichts. Du läßt dich also noch dadurch in Unruhe versetzen und hältst dich trotzdem für unterrichtet in dem, was gut und böse ist.
Willst du dich also nicht von den andern abwenden und dein eigener Lehrer und Schüler werden? Die anderen mögen selbst zusehen, ob es ihnen heilsam ist, gegen ihre Natur zu leben, mir aber steht keiner näher als ich selbst.
Was soll denn das heißen: ich höre die Lehren der Philosophen, ich stimme ihnen bei, tatsächlich aber bin ich um nichts besser geworden. Bin ich denn wirklich so mangelhaft veranlagt? Zu allem andern, was ich nur wollte, wurde ich sehr veranlagt befunden, ich lernte schnell lesen, rechnen, Schlüsse auflösen. Hat mich die Lehre vielleicht nicht überzeugt? Und doch hatte ich nichts anderes von Anfang an so willig aufgenommen und erfaßt, und auch jetzt lese und schreibe ich darüber und höre davon, ich habe bis jetzt keine Lehre gefunden, die dieser überlegen wäre. Was ist es also, was mir noch fehlt? Sind etwa die entgegenstehenden Ansichten noch nicht ausgerottet? sind die meinigen noch zu wenig geübt und nicht gewohnt, in die Tat umgesetzt zu werden? sind sie wie Waffen, die, beiseite geworfen, verrosten und nicht mehr angelegt werden können? Und doch habe ich mich weder beim Ringen noch beim Schreiben noch beim Lesen mit dem bloßen Lernen begnügt, sondern ich wende das mir Vorgelegte nach allen Seiten, knüpfe es zu etwas anderem zusammen und behandle das Veränderte in gleicher Weise. Aber die notwendigen Grundanschauungen, durch die ich frei von Trauer, Furcht, Leiden-

schaft, Hindernissen, ganz frei werden kann, diese übe ich nicht, verwende darauf nicht die nötige Sorgfalt. Da muß es mich freilich noch kümmern, was die andern über mich sagen, ob ich angesehen, glücklich erscheine! Du Unglücklicher, willst du nicht darauf sehen, was du über dich sagst, was dir gut erscheint, wie du dich verhältst im Meinen, Wünschen, Meiden, bei einer Unternehmung, einer Vorbereitung, einem Vorsatz, bei allen andern menschlichen Beschäftigungen! Statt dessen sorgst du dich darum, ob dich die andern bemitleiden.
Ja, aber ich werde ohne Grund bemitleidet!
Also darüber bist du traurig; der sich aber betrügt, der ist zu bedauern. Wie kannst du sagen, daß man dich ohne Grund bemitleidet? Denn gerade dadurch, daß du das Bedauern anderer empfindest, machst du dich zu einem, der das Mitleid verdient. Was sagt Antisthenes? Hast du das nie gehört: „Es ist königlich, Kyros, gut zu handeln und einen schlechten Ruf zu haben." Mein Kopf ist ganz gesund, aber alle glauben, ich hätte Kopfschmerzen. Was liegt mir daran. Ich habe kein Fieber, und alles ist betrübt um mich, wie um einen Fieberkranken: „Du bist sehr zu beklagen, schon so lange leidest du an Fieber!" Ich sage ganz traurig: „Ja, in der Tat, es ist schon lange her, daß ich mich unwohl fühle. Was soll daraus noch werden?" Wie Gott will, sage ich und lache heimlich über die, die mich beklagen. Was hindert mich, es hier ebenso zu machen? Ich bin arm, aber ich habe die richtige Meinung von meiner Armut. Was liegt mir daran, ob man mich wegen meiner Armut bedauert. Ich habe kein Amt, andere haben eins, aber ich denke über Amt haben und keins haben so, wie man darüber denken muß. Mögen doch die, die mich bemitleiden, selbst zusehen! Ich leide weder Hunger noch Durst noch Kälte, aber von ihrem

Hunger und ihrem Durst machen sie einen Rückschluß auf mich. Was soll ich mit ihnen machen? Soll ich herumgehen, laut posaunen und rufen: Täuscht euch nicht, meine lieben Freunde, mir geht es ganz gut! Ich kehre mich nicht daran, ob ich in Armut, ohne Amt lebe, überhaupt kümmere ich mich um nichts als um richtige Anschauungen. Und diese sind bei mir ohne Hindernisse, sie sorgen sich um nichts mehr.

Was ist das für ein Geschwätz? Wie kann ich noch richtige Grundsätze haben, wenn ich mich nicht begnüge mit dem, was ich bin, sondern ängstlich bemüht bin, als ein anderer zu erscheinen.

Aber andere erreichen mehr und werden mir vorgezogen.

Ist es nicht selbstverständlich, daß sie in dem, worin sie sich bemüht haben, mehr erreichen? sie haben sich um Ämter bemüht, du um Grundsätze, sie um Reichtum, du um ein Leben deiner Vernunft gemäß. Sieh, wenn sie auch in ihren Dingen mehr haben als du, darum, worum du dich bemüht hast, haben sie sich nicht gekümmert. Sieh, ob ihre Neigungen das natürliche Maß nicht überschreiten, ob ihre Begierden sie nicht häufig irreleiten, ob sie nicht oft in das geraten, was sie eigentlich vermeiden wollen, ob sie in ihren Absichten, Vorsätzen, Unternehmungen glücklich sind, ob sie tun, was ihnen geziemt als Männer, Söhne, Väter oder was sie sonst noch sein mögen. Wenn jene ein Amt haben, du aber nicht, mache dir doch klar, daß du dafür nichts tust, jene aber alles daransetzen! Es ist sehr ungereimt, zu verlangen, daß der den kürzeren ziehen soll, der sich Mühe gegeben hat, vor dem, der sich gar nicht bemüht hat.

Aber es ist richtiger zu sagen: ich stehe oben an, da ich mich bemühe, richtige Grundsätze zu haben; aber nur darin, worin du dir Mühe gibst: in den Grundsätzen; in dem, worin sich andere mehr bemüht haben, mußt du ihnen den Vortritt lassen. Glaubst du, weil du richtige Grundsätze hast, könntest du auch besser Bogen schießen als die Bogenschützen und besser Erz schmieden, als die Schmiede? Gib einmal deine Bemühungen um richtige Grundsätze auf und wende dich jenen Künsten zu, die du besitzen willst, und dann kannst du weinen, wenn du keine Fortschritte machst; dann hast du auch alles Recht zu weinen. Jetzt gibst du aber zu, daß du dich mit anderen Dingen beschäftigst, dich um andere kümmerst; die Leute aber sagen zu Recht, daß niemand zwei Herren dienen kann.

Eine so große Verschiedenheit besteht in den Absichten, Taten, Wünschen, und du verlangst doch noch einen gleichen Anteil an dem, worum du dich nicht bemüht hast, jene aber wohl? Und dann wunderst du dich, wenn man dich bedauert, und bist empört darüber. Jene machen sich ja auch nichts daraus, wenn du sie bedauerst. Weshalb? Weil sie überzeugt sind, Gutes zu besitzen, du aber nicht. Deshalb bist du mit dem Deinigen nicht zufrieden, sondern strebst nach jenen Dingen. Jene aber begnügen sich mit dem, was sie haben, und wollen nicht das, was du hast. Wärst du wirklich davon überzeugt, daß du es bist, der das Gute erlangt hat, jene aber ihr Glück verfehlen, so würdest du dich gar nicht darum kümmern, was sie von dir sagen.